Irmgard Pobaschnig

Der Krug'n Hof im Radl der Zeit

Impressum

Medieninhaber und Herausgeber:
   Kärntner Schreibschule Förderverein
   Dr. Herrmann-Gasse 4/4, 9020 Klagenfurt am Wörthersee,
   Österreich. ZVR-Nr.: 394 991 923
   E-Mail: office@schreibschule.at
   Webseite: www.schreibschule.at

Text: Irmgard Pobaschnig
Fotografien: Irmgard Pobaschnig, Anna Maria Kaiser, Roland Zingerle
Redaktion: Roland Zingerle, www.schreibschule.at
Umschlaggestaltung: Irmgard Pobaschnig & Roland Zingerle

© 2016 by Irmgard Pobaschnig, Zeindorf 1, 9321 Kappel am Krappfeld,
www.members.aon.at/pobaschnig-krug

Herstellung und Verlag: BoD – Books on Demand, Norderstedt

ISBN: 978-3-7412-7492-3

Die Erstellung dieses Buches wurde vom Kulturreferat des Landes
Kärnten unter Referent Dipl.-Ing. Christian Benger gefördert.

Ich schreibe diese Zeilen zur Ehre und als Dank an meine Vorgänger, für meine Enkel – und für dich, der sie liest.

Herzlich,
Irmgard

INHALTSVERZEICHNIS

Prolog   7

1. Kapitel: Vorgeschichte   9
   1795: Leopolt, Sepp und Hans

2. Kapitel: Aufbau des Hofes   29
   1820: Elisabeth und Hans Weber

3. Kapitel: Manchmal werden Märchen wahr   53
   1865: Hanna und Vinzenz Langwieser

4. Kapitel: Eine Mutter, die viele Tode stirbt   65
   1890–1930: Katharina und Jakob Langwieser

5. Kapitel: Eine Liebe, die mit dem Tode endet   89
   1930–1950: Karl, sowie Lina und Ferdinand Mirnig

6. Kapitel: Der Neubeginn   99
   1950–1975: Justine und Fritz Fleischhacker

7. Kapitel: Nur gemeinsam sind wir stark.
   Bauer ist ein schöner Beruf.   119
   Ab 1975: Irmgard und Karl, Karl-Heinz und Heidi

Anhang   135

PROLOG

Auszug aus dem Buch „Von Maria Theresia zur EU: Geschichte und Wirken der landwirtschaftlichen Berufskörperschaft Kärntens im Spiegel der eigenen Presse":

In den napoleonischen Kriegen war zwar die Gesellschaft nicht als Organisation in das Kriegsgeschehen involviert, aber nur ein Beispiel: Als Napoleon in Obertilliach einfällt mit dem Ziel, durch Kärnten gegen Wien vorzustoßen, ist die Gesamtstärke der Besatzung bis zu 18.000 Mann, die aus dem Land verpflegt werden müssen. Gleich in der ersten Nacht haben die Klagenfurter 36.000 Portionen Brot in dem zum Magazin umfunktionierten alten Priesterhaus abzuliefern. Es werden täglich 30–40 Ochsen für die Soldaten geschlachtet, die einfach von den Höfen abgeholt werden. Menschen ziehen den Pflug, sogar der Greis, gebückt am Stab. Säuglinge saugen vergebens an der Brust ihrer abgehärmten Mütter, denn es wird fast alles, was sie aus ihrem kargen Boden ernten, einfach abgeholt.

Viele jugendliche Burschen irren in den Wäldern umher und stehlen, um überleben zu können.

1. KAPITEL: VORGESCHICHTE

1795: Leopolt, Sepp und Hans

Guttaring wird von einer Serie von Diebstählen und sogar Überfällen erschüttert. Bergknappen, die durch Guttaring fahren, wird das Essen geraubt, alte Menschen kommen um ihr Hab und Gut. Hühner und Hasen sind die Essensgrundlage; sie verschwinden einfach. Im Gemeindekotter sitzt ein Verdächtiger, trotzdem ist gestern Nacht beim Kopper wieder geplündert worden. Die Bürger sind sich einig: das muss enden. Heute Nacht wollen sie sich auf die Lauer legen, an jeder Straßeneinfahrt von Guttaring, alle Jung- und Altbauern machen mit.

Als die Kirchturmuhr Mitternacht schlägt hören die Männer dumpfe Stimmen. Einer der älteren legt den Zeigefinger an den Mund und sagt: „Pscht, lossma se näherkuman."[1]

„Wos wern se mochn?"[2], fragt ein anderer.

Die Unbekannten nähern sich dem Stall beim Kopper. Sie gehen ganz nahe am Hochofen vorbei, wo ebenfalls ein paar Männer lauern. Einer der Unbekannten flüstert: „Heint nemma uns di Heander, i hob so an Hunger auf a Fleisch."[3]

Einen der Jungbauern am Hochofen verlässt die Geduld, er schreit: „Stehn bleibm, sonst host di Hockn im Ruckn!"[4]

---

[1] „Pst, lassen wir sie näherkommen."
[2] „Was glaubt ihr, werden sie tun?"
[3] „Heute holen wir uns die Hühner, ich habe großen Appetit auf Fleisch."
[4] „Stehenbleiben, oder ich schlage dir die Hacke in den Rücken."

Zwei der Fremden erschrecken und bleiben wirklich stehen, ein dritter läuft in die dunkle Nacht. Ein Altbauer verfolgt ihn, kann ihn aber nicht erreichen und verliert die Spur.

„So, jetzt homa wenigsten zwa von de Halunkn. Wos mochma mit ihnen?"[5], fragt einer der Wächter.

„Rund uma die Händ an Strick und eine in Gemeindekotter"[6], meint ein jüngerer Bauer.

„Do is schon ana drin"[7], meint der ältere, der gerade ganz außer Atem von der Verfolgung zurückkommt und der jüngere meint:

„Dazua zum Ondan in Gemeindekotter eine."[8]

So wird es gemacht. Doch als die Bauern mit den zwei Halunken, die beide Mitte zwanzig sind, beim Gemeindekotter ankommen, beschwert sich der Insasse hier lautstark, immerhin ist die Gefängniszelle sehr klein.

Aber die Bauern sind sich einig: „Do müassn jetzt die zwa Halunken dazua eine."[9]

Am nächsten Morgen hält der Gemeindediener Leopolt – von allen „Poltl" genannt – Nachschau und meint dann zum Bürgermeister: „Denen brauchma kane Hiebe mehr geben, de hom sich sölba fost umgebrocht. So, wos mochma jetzt mit denen?"[10]

---

[5] „Wenigstens haben wir zwei von den Halunken erwischt. Was machen wir jetzt mit ihnen?"
[6] „Wir fesseln ihnen die Hände und stecken sie in den Gemeindekotter."
[7] „Da sitzt aber schon einer drin."
[8] „Macht nichts, wir stecken sie einfach dazu hinein."
[9] „Egal, die beiden Halunken kommen auch noch da hinein."
[10] „Denen brauchen wir keine Hiebe mehr zu geben, die haben sich schon fast gegenseitig umgebracht. Was sollen wir jetzt mit ihnen machen?"

Der Bürgermeister denkt nach und sagt: „Zuabegebunden zu an Steckn und ausse in Berg mit denen. Oba nit aufn Guttaringberg, sondern in den Halemulegrobn."[11]

Gesagt, getan. Gemeindediener Poltl führt die beiden jungen Männer hinter der Walch über einen Steig in Richtung Halemulegraben. Wegen ihrer Verletzungen können sie kaum gehen, der alte Mithäftling hat sie ziemlich lädiert. Schließlich, auf einer Lichtung am Hollersberg, bricht einer der beiden zusammen, und auch Poltl möchte nicht noch tiefer in den Wald gehen. Er sieht sich um. Da steht ein Wildbirnenbaum mit schon reifen und süßen Früchten. Auch ein Wassertümpel ist hier, der von einer Quelle aus dem Wald gefüllt wird; frisches Wasser ist wichtig für das Überleben. Als Poltl noch den wunderbaren Blick auf Althofen sieht, wo gerade die Sonne den Kirchturm beleuchtet, beschließt er, hier das Lager aufzuschlagen.

Das ist die Geburtsstunde vom Krug'n-Hof, auch wenn das in dem Moment noch keiner wissen kann.

Eine Woche vergeht. In Guttaring haben sich die Bürger beruhigt, sie glauben, dass die Diebe viel weiter weg sind, irgendwo im Halemulegraben. Doch Poltl ist es recht so, er muss ja einmal am Tag das Essen zu den Häftlingen tragen; der Verbrecher im Gemeindekotter bekommt zweimal am Tag zu essen.

Auch die jungen Halunken – sie heißen Sepp und Hans – sind zufrieden mit ihrer Situation. Zwar sind sie an einen Baum gekettet, müssen im Freien schlafen und das Essen ist

---

[11] „Binde sie an einen Stecken und führ' sie in den Wald. Aber nicht auf den Guttaringberg, sondern in den Halemulegraben."

Frisches Wasser – die Grundvoraussetzung für jede landwirtschaftliche Tätigkeit.

Vom Krug aus hat man einen wunderschönen Blick auf Althofen.

Teile der ursprünglichen Mauer sind noch heute erhalten.

nur sehr karg – etwas Milch und eine Faust Hafer oder Grütze – aber sie brauchen es nicht mehr zu stehlen. Sie und der Gemeindearbeiter Poltl sind schon Freunde geworden.

In der letzten Nacht ist den beiden etwas Unglaubliches passiert: Ein Hase hat die schlafenden Männer übersehen und ist über sie drüber gehoppelt. Sepp hat blitzschnell reagiert, den Hasen beim Lauf erwischt und mit seiner Kette erschlagen. Die beiden jungen Männer haben dem Hasen mit einem Stein die Kehle aufgeschlitzt und ihn ausbluten lassen, dann haben sie dem Tier das Fell abgezogen.

„Do wet unsa Mülch- und Hofaflocknmonn aber schaun, wos fir a Mittogsmohl s heint gib"[12], hat Hans gemeint.

Es vergehen noch einige Stunden, bis Poltl kommt. Er hat Grütze in einer Blechdose und ist sehr überrascht, als er das Hasenfleisch sieht. Auch er hat die ganze Woche über kein Fleisch bekommen und ihm gelüstet nach dem Hasen.

„Wennst uns di Kettn wegnimmst, kriagst a a Fleisch"[13], meint Sepp.

Poltl riskiert es und tatsächlich unternehmen die Häftlinge keinen Fluchtversuch. Die drei versuchen Feuer zu machen; mit trockenem Gras und einigen Steinen gelingt es ihnen nach einer halben Stunde. Es knistert, und sie legen kleine Holzstücke darauf und sind sehr zufrieden über die gelungene Arbeit. Dann stecken sie Fleischstücke auf frische Reisigstäbe und halten sie ins Feuer. Zwei Stück Fleisch

---

[12] „Da wird unser Milch- und Haferflockenmann aber schauen, welches Mittagsmahl es heute bei uns gibt."
[13] „Wenn du uns die Ketten abnimmst, bekommst du auch etwas von dem Fleisch ab."

bekommt jeder von ihnen. Als Poltl noch einmal zugreifen will, haut ihm Sepp auf die Hand: „Fir heint is gnua!"[14]

Eine Hälfte des Fleisches muss für diese Woche reichen, die andere Hälfte wird in das Hasenfell eingewickelt und einen Meter tief in die Erde eingegraben. In einer Woche wird dieses Fleisch erst so richtig mürbe sein.

Poltl bedankt sich und geht gestärkt wieder den Weg zurück nach Guttaring. Im Gemeindeamt spricht er nicht über das heutige Festmahl, er freut sich schon auf morgen und denkt sich, er darf nicht zu spät kommen, damit für ihn auch noch etwas Fleisch da ist.

Hasenbraten für drei Personen

Einen Hasenrücken von der Haut befreien, einbeizen und mit Speck spicken. In heißem Fett anbraten, dann ins Backrohr schieben und fleißig mit Suppe aufgießen. Nach einer halben Stunde kommen geschnittene Möhren, 1 Zwiebel, 2 Scheiben Sellerie, etwas Zitronenschale (auch etwas Zitronensaft schadet nicht), Thymian, Majoran und 1 Lorbeerblatt dazu. Immer noch aufgießen, es dauert noch eine halbe Stunde.
Dann das Gemüse durch ein Sieb treiben oder mit dem Mixstab zu Soße verarbeiten und mit Rahm und Pfeffer nach Geschmack verbessern. Mit Knödeln, Maronis und Preiselbeermarmelade servieren.

Am nächsten Tag muss der Gemeindearbeiter auf die Postkutsche warten, denn es kommt ein Brief aus Klagenfurt wegen der beiden Burschen, die ja noch eine Gerichtsverhandlung erwartet. Als die Kutsche kommt, bringt der ungeduldige Poltl den Brief zum Bürgermeister. Dieser erkundigt sich nach den beiden Einsitzern und Poltl bekommt ein Lob, weil alles so gut klappt. Die

---

[14] „Für heute ist es genug."

Gemeindebürger sind zufrieden, dass es wieder ruhig im Ort ist.

„Jo, jo", sagt Poltl, „mit die Kettn hob i si festgmocht und jeden Tog kriagns Schläg und i moch an festn Krawall."[15]

Der Bürgermeister ist zufrieden und Poltl froh, dass der Bürgermeister wieder mit seiner Post weitermacht.

„Oje", sagt der der, als er den Brief aus Klagenfurt liest, „da Richta is erst fir November in Guttaring zuagetalt."[16]

Bevor Poltl zu seinen beiden „Gefangenen" aufbricht, geht er in die Gemeindeküche und nimmt ein paar Kleinigkeiten mit. Er freut sich schon auf den Hasenschmaus und läuft auf den Hollersberg. Als er in die Nähe des Lagers kommt, riecht er schon das Feuer. Die beiden Männer haben für ihn tatsächlich ein Stück Fleisch zurückbehalten. Der Gemeindearbeiter erzählt den beiden von dem Brief und dass ihnen im November der Prozess gemacht werden soll.

Nachdem Poltl wieder zufrieden nachhause gegangen ist, halten Sepp und Hans eine Lagebesprechung ab: „Olso anaholb Monat homma noch Zeit", meint Hans. „Do falt uns nix, mia kriagn jedn Tog a Essn, mia kriagn kane Schläg vom Poltl und kennan uns imma wieda amol a por Fisch ausm Timpl fongan."[17] Sie beschließen, vorerst hierzubleiben

---

[15] „Jaja, ich habe sie angekettet und schlage sie jeden Tag und benehme mich recht wild."
[16] „Oje, der Richter ist Guttaring erst im November zugeteilt."
[17] „Also, anderthalb Monate haben wir noch Zeit. Bis dahin fehlt uns nichts, wir kriegen jeden Tag zu essen, Poltl schlägt uns nicht und wir können uns immer wieder einmal ein paar Fische aus dem Tümpel fangen."

und sich dann zur rechten Zeit aus dem Staub zu machen, wenn der Richter kommt.

Ein Regenwetter ist im Anzug, das erkennen die beiden, weil ein Steinhaufen auf der Wiese ganz feucht und glitschig wird. Sepp sinniert vor sich hin. Nach einer Weile sagt er: „Wast wos, wir grobn uns a Loch do in Riegl eine und mochn uns an Unterschlupf."[18]

Bis Poltl am nächsten Tag wiederkommt, haben die beiden schon ein Loch in die Erde gegraben, tief genug, so dass sie sich hineinsetzen können. Die Grasdecke belassen sie als Dach. Poltl, der das Versteck zunächst nicht sieht, kann sich nicht erklären, was der Erdhaufen bedeutet, doch dann ist er voll begeistert und erklärt Sepp und Hans, dass er morgen besseres Werkzeug mitbringen werde.

Eine Woche lang buddeln die Männer Erde aus ihrer Höhle, bis diese groß genug ist, so dass sie darin Schutz vor dem Regen finden.

In der Gemeindeküche in Guttaring wird schon gemunkelt, weil Poltl jeden Tag Essen wegträgt. Man vermutet, dass er alles selber isst. Das Problem ist, dass die Gemeinde vom Land Kärnten nur Essensgeld für den einen Einsitzer im Gemeindekotter bekommt. Deshalb bestimmt der Bürgermeister, dass Poltl am nächsten Tag vom Gemeindeschreiber begleitet werden soll; dieser soll nach dem Rechten sehen.

---

[18] „Weißt du was? Wir graben in diesem Abhang ein Loch und machen uns einen Unterschlupf."

Da muss Poltl gestehen, dass die Räuber gar nicht mehr an ihren Ketten hängen und dass sie sich eine Erdhöhle gegraben haben. Zu seiner Verteidigung sagt er: „Hot sich kana ums Weta gekimat und wo de schlofn sulln. Heint Nocht hots gonz stork gregnet, es is Onfong Oktoba, do san de Nächte schon kühl."[19]

Am nächsten Tag marschieren also zwei Männer auf den Hollersberg. Als sie aus dem Wald herauskommen, vorbei am kleinen Teich und am Birnbaum, kommt Poltl etwas anders vor als sonst. An den Tagen davor hat er hier schon Rauch aufsteigen gesehen oder die Stimmen der Häftlinge gehört. Der Gemeindeschreiber wird zornig. Er meint, da wären gar keine Gefangenen mehr und dass Poltl alles selbst weggefressen hätte, was er aus der Gemeindeküche geholt hat.

Doch Poltl hört das kaum noch, er läuft los und sieht gleich, was passiert ist: Der Eingang zur Höhle ist verschwunden, wahrscheinlich ist er durch den vielen Regen eingebrochen. Er fängt sofort an zu buddeln und ruft dem Schreiber zu, er solle ihm helfen, doch der lacht nur und meint, die Verschütteten würden sicher kein Essen mehr brauchen – und begraben seien sie auch schon.

Da reicht es Poltl. Er nimmt die Axt und schreit den Gemeindeschreiber an, er werde ihn erschlagen, wenn der ihm nicht helfe. Da legt auch der Schreiber Hand mit an. Nach zehn Minuten Arbeit sehen sie eine Hand und hören ein Stöhnen.

---

[19] „Niemand hat sich um das Wetter gekümmert oder darum, wo die beiden schlafen sollen. Vergangene Nacht hat es stark geregnet und es ist Anfang Oktober, da sind die Nächte schon kalt."

„Sepp, Sepp", ruft Poltl und schreit den Gemeindeschreiber an: „Weiter, weiter!"

Die Erde ist Gott sei Dank nicht fest, denn Hans ist noch weiter hinten verschüttet. Nach einer weiteren Viertelstunde Grabarbeit können sie auch ihn befreien. Hans ist aber nicht ansprechbar. Jetzt ist auch der Schreiber entschlossen, den Männern zu helfen. Er hat schon einmal gesehen, wie man eine Wiederbelebung macht und versucht diese nun bei Hans. Er arbeitet eine Zeit lang auf ihm herum, wobei ihm Poltl fassungslos zuschaut. Auf einmal schlägt Hans die Augen auf – er lebt!

Danach sitzen sie eine geraume Zeit beieinander und sprechen nichts, sie sind alle fertig. Dann sagt Hans „Donkschen. Es wor ‚dribn' oba a gonz schen."[20] Alle sind sich einig: Es war sehr knapp.

Sepp kann die Strecke nach Guttaring zu Fuß gehen, aber Hans muss mit dem Ochsengespann abgeholt werden, sonst übersteht er die nächste Nacht nicht. Im Gemeindeamt bekommen sie eine Kammer mit Strohsäcken zugewiesen, die schon ganz von Mäusen zerfressen sind. Eine Woche später ist Sepp wieder so gut auf den Beinen, dass er Hans betreuen kann, bei Hans wird die Genesung aber sicher noch eine Weile dauern.

Die Ereignisse haben noch andere Folgen. So kommt in dieser Woche ein Brief aus Klagenfurt an die Gemeinde, der die Anweisung enthält, Guttaring müsse einen neuen Gemeindekotter mit einer starken Holztür vorweisen, der entweder in Holzverriegelungsbauweise gezimmert oder

---

[20] „Dankeschön. Es war ‚drüben' aber auch ganz schön."

gemauert sein muss. Gemeindearbeiter Poltl trägt das Sepp und Hans zu und erklärt: „Kana waß so recht, wos er mit enk onfongan sull. Aufm Hollersberg dirfts oba niama zruck."[21]

Sepp ist traurig, denn er möchte gerne wieder zu diesem schönen Flecken Erde zurück. Eine schlaflose Nacht später hat er einen Vorschlag, den er über Poltl dem Gemeindevorstand zukommen lässt: „Lei an Tog brauchma, bis ma am Hollersberg de eingebrochene Erdn wieda ausschaufeln. Stana gibs gnua und Lehm is durtn gonz a guata. Mir mauern vier Wänd, de ma mit ane festn Bama obdecken und mochn a schware Tia. Dem Hons geht's gsundheitlich nit guat, der konn nit hölfm, oba wonn da Poltl hülft, seima in an Monat fertig und die Klognfuata Justiz konn schaugn keman."[22]

Der Vorschlag muss erst vom Bürgermeister abgesegnet werden. Der ist davon ganz begeistert und trägt ihn dem Gemeinderat vor.

Drei Tage später fahren Sepp und Poltl mit einem Ochsengespann, das von der Gemeinde zur Verfügung gestellt wird, auf den Hollersberg, ausgestattet mit Arbeitsgeräten und Verpflegung. Sepp ist ganz glücklich, er

---

[21] „Niemand weiß so recht, was er mit euch anfangen soll. Auf den Hollersberg dürft ihr aber nicht mehr zurück."
[22] „Wir brauchen nur einen Tag, um auf dem Hollersberg die eingebrochene Erde wieder auszuschaufeln. Steine gibt es dort ebenso genug, wie besonders guten Lehm. Wir mauern vier Wände auf, die wir mit massiven Baumstämmen abdecken und passen eine schwere Tür ein. Hans geht es gesundheitlich so schlecht, dass er nicht helfen kann, aber wenn Poltl mir hilft, sind wir in einem Monat so weit fertig, dass die Vertreter der Klagenfurter Justiz die Arbeiten inspizieren kann."

fühlt sich an diesem Platz schon ein wenig wie zuhause.
Noch am selben Tag beginnen sie mit dem Ausheben, wobei sie die Ecken des Raums, der dadurch entsteht, ganz sauber ausbuddeln.

Tagelang fahren sie nicht nach Guttaring zurück, denn die Ochsen finden genug Gras und das Wetter ist nun wieder wärmer, weshalb Sepp und Poltl auf dem Karren schlafen. Ihn haben sie schon vorausschauend mit Stroh beladen, in das sie sich in der Nacht eingraben. Nach der Schwerarbeit tagsüber ist das ein wunderbares Schlafen. Als ihnen die Verpflegung ausgeht, wandert Poltl in den Ort Guttaring, um Nachschub zu holen, Sepp mauert inzwischen die Wände auf. Schließlich sind die hinteren drei Wände fertig und müssen noch austrocknen, bevor die schweren Baumstämme für die Decke draufgelegt werden können. Derweil mauern die beiden die vordere Mauer auf und stützen sie mit Holzpfosten ab, damit sie gleich mit der Arbeit an der Decke weitermachen können, sowie sie die Bäume dafür geschlägert haben.

Währenddessen wird in der Tischlerei im Ort schon die schwere Tür angefertigt; Poltl holt sie am darauffolgenden Montag mit dem Ochsengespann ab.

Am Dienstag kommt der Bürgermeister angeritten, um Nachschau zu halten, ob er die Fertigstellung schon nach Klagenfurt melden kann. Er ist begeistert von der guten und schnellen Arbeit der Männer. Als Gegenleistung meldet die Gemeinde – gleichzeitig mit der Fertigstellung des neuen Gemeindekotters – nach Klagenfurt, dass Sepp und Hans entkommen seien.

Nach Erzählungen angefertigte Skizze des ersten „Krug"-Gebäudes.

Schon eine Woche später kommen zwei Männer von der Justiz zur Begutachtung. Sie sind begeistert, dass künftige Verbrecher im Wald einsitzen werden, denn auf diese Weise, so meinen sie, werde im Ort Ruhe herrschen. Die beiden Herren loben auch die gute Arbeit der „Gemeindemänner". Damit weiß Sepp, dass er am Hollersberg bleiben kann, um in Zukunft gemeinsam mit Poltl Häftlinge zu betreuen. Der Verbrecher, der im alten Gemeindekotter eingesessen ist, ist inzwischen Gott sei Dank nach Klagenfurt verlegt worden.

Mit dem neuen Kotter werden Guttaring auch zwei Einsitzplätze von Althofen zugewiesen, sollte die dortige Häftlingsunterkunft überfüllt sein. Das passiert immer wieder, denn nach wie vor wird aus Hunger gestohlen, fast immer von jungen Männern. Vom Land bekommt Guttaring dafür Essensgeld zugewiesen, was eine weitere Einnahmequelle für die Gemeinde ist. Und für Sepp, der sich über seine gelungene Idee freut, fällt ein Arbeitsplatz als Gemeindearbeiter ab.[23]

Hans hat sich von seinem Unfall nicht mehr richtig erholt; er stirbt anderthalb Jahre später als Gemeindearmer. Poltl und Sepp bleiben ein Leben lang beste Freunde. Sie errichten zusätzlich zum ersten Erdbau noch einen Zubau als Schlafstätte, damit sie nicht täglich zu Fuß nach Guttaring zurückmarschieren müssen. Auch einen Stall bauen sie, in dem sie Hühner, Ziegen und Schafe halten. Auf diese Weise versorgen die beiden Männer nicht nur sich sondern auch die Häftlinge und kassieren die Essensgulden selbst, die vom Land an die Gemeinde gezahlt werden.

Sepp erweist sich als Meister der Kochkunst. Er schafft es immer wieder, aus den wenigen verfügbaren Grundprodukten etwas Gutes zu zaubern. Ganz im Gegensatz zu Poltl, welcher seinerzeit dem damaligen Häftling Sepp ja ein paar Löffel Haferflocken mit Wasser anstatt mit Milch mitgebracht hat.

Die beiden leben jahrelang ein sehr hartes, aber glückliches Leben – und in Guttaring sind alle froh, dass sie nichts mit den Einsitzern zu tun haben.

Als Poltl krank wird und nicht mehr stark genug ist, um sich mit den Häftlingen herumzuschlagen, muss Sepp die Arbeit alleine erledigen. Und als dann die Nachricht kommt, dass Poltl verstorben ist, überkommt Sepp eine große

---

[23] Erste urkundliche Erwähnung. 1798 (siehe Anhang).

Traurigkeit. Poltl hat es ihm ja erst ermöglicht, dass er auf diesem Flecken Erde seine Arbeit und damit sein tägliches Essen gefunden hat.

Aber das Leben geht weiter. Wenn Sepp einmal in der Woche zum Markt geht, muss er den Kotter und die Nebengebäude gut verriegeln, denn die Häftlinge sind nun nicht mehr so gutmütig, wie er und Hans es damals waren.

Bei seinem heutigen Markt-Tag spricht Sepp auch in der Gemeindestube vor und sagt, dass er einerseits Hilfe braucht und andererseits etwas mehr Land zum Bebauen. Nachdem er seine Wünsche angebracht hat, macht er sich guter Dinge wieder auf den Heimweg. Es ist besser, bald wieder zuhause zu sein, bevor den Eingesperrten irgendein Blödsinn einfällt.

Als er unterwegs in Übersberg bei dem großen Gemeindehaus vorbeikommt, hört er hinter dem Haus ein Wimmern und Bitten: „Votta, bitte, bitte nit!"[24]

Sepp schaut ums Eck und sieht, wie ein Mann einen Bub, der schon am Boden kauert, mit einem Ochsenzipp schlägt. Sepp, der es gewohnt ist, mit Halunken umzugehen, stellt sich zwischen die beiden und sagt zu dem Mann: „Amol noch, und du kraigst es von mir mit dem Zipp. No, wos hot er denn gor ongstöllt?"[25] Der Bub steht auf und stellt sich gleich hinter Sepp.

„Olle wullnt lei essen, nix orbatn"[26], schreit der Alte.

„Hob an Hunga", sagt der Bub, „was nit, wos i orbatn sull."[27]

---

[24] „Bitte nicht, Vater!"
[25] „Einmal noch, dann hau ich dich mit dem Zipp. Was hat er denn gar angestellt?"
[26] „Alle wollen immer nur essen und nicht dafür arbeiten."
[27] „Ich habe Hunger und ich weiß nicht, was ich arbeiten soll."

Da meint Sepp zu dem Kleinen: „Kimst mit mir, i hob für di a Orbat und a Essn."[28]

Der Mann sagt zu seinem Sohn nur: „Schleich di"[29], und verschwindet in seinem Haus.

So marschieren Sepp und der Bub durch den Wald. Der Kleine wird etwa zwölf Jahre alt sein, er hat ein Stück Leder um die Körpermitte gehüllt, das mit einer Liane hochgebunden ist.

„Wia haßtn?"[30], fragt Sepp.

„Hans, Hans Weber haß i. Mei Votta geht in Bergbau orbatn, oba er bringt da Muata kan Guldn ham. Er riacht imma noch Schnops und schreit gonz grauslich. Damit mir wos zan essn hom, muaß die Muata ban Bauer wos daorbatn"[31], sprudelt es aus dem Bub nur so heraus. Sepp lässt ihn ausreden und erzählt dann, dass sein Jugendfreund, mit dem er am Hollersberg angekommen ist, auch Hans geheißen hat. Die ganze Geschichte wird er ihm erst Jahre später erzählen. Sepp freut sich, wieder jemanden um sich zu haben, mit dem er reden kann und der ihm bei der Arbeit hilft. Zuhause angekommen gehen sie gemeinsam die Ziegen und die Hühner füttern. Während Sepp in Guttaring war, sind bei einer der Hennen Küken geschlüpft. Der Bub ist begeistert. Sepp erklärt ihm aber gleich, dass das auch bedeutet, dass jeden Tag zwei Eier weniger zum

---

[28] „Du kommst einfach mit mir mit, ich habe Arbeit und Essen für dich."
[29] „Verschwinde."
[30] „Wie heißt du denn?"
[31] „Ich heiße Hans Weber. Mein Vater arbeitet im Bergbau, aber er bringt der Mutter nicht einen Gulden nachhause. Er riecht immerzu nach Schnaps und schreit fürchterlich herum. Damit wir überhaupt etwas zu essen haben, muss die Mutter bei den Bauern arbeiten."

Essen da sein werden. Denn als Nahrung für die Küken werden in der ersten Woche täglich zwei Eier hartgekocht und kleingehackt. Danach betreut die Henne ihre Kleinen selbst und führt sie zu den Futterplätzen.

Nach der Stallarbeit muss Sepp noch Sterz kochen, als Abendessen für die Einsitzer. Hans schaut ihm interessiert zu, er freut sich darauf, selbst auch bald etwas in den Mund zu bekommen. Nach dem gemeinsamen Essen richten Sepp und Hans noch ein Heubett für den Bub.

Am nächsten Vormittag schickt Sepp Hans noch einmal nach Übersberg zu seiner Mutter. Hans sagt, er hofft, dass der Vater nicht zuhause ist und im Hinauslaufen ruft er noch zurück: „Derf ich bitte, bitte wiederkuman?"[32]

Es vergehen kaum anderthalb Stunden, bis der Kleine schon wieder beim Teich hereingerannt kommt. Er keucht und sagt: „I bin de gonze Streckn glafn. Di Muata sog, i derf bei dir bleibm, wonn i sie efter bsuach."[33]

Jetzt will Hans nach den Küken schauen, die aussehen wie kleine, gelbe Bällchen. Er darf auch eines hochheben und in seinen Händen halten. „Ma, san de liab! Dos muass i da Muata dazöln"[34], sagt er.

Danach lässt Sepp ihn die Eintopfsuppe rühren, die in einer großen Schüssel auf dem offenen Feuer brodelt.

Sepp meldet den Bub am Gemeindeamt an. Er hat jetzt wieder jemanden, mit dem er am Abend den vorangegangenen Tag besprechen kann. Wenn er mit den Einsitzern am Feld arbeitet, kann Hans schon etwas für das

---

[32] „Darf ich bitte, bitte wiederkommen?"
[33] „Ich bin die ganze Strecke gelaufen. Die Mutter sagt, ich darf bei dir bleiben, wenn ich sie öfter einmal besuchen komme."
[34] „Sind die lieb! Das muss ich der Mutter erzählen."

Mittagessen vorbereiten. Sepp hat auch die Erlaubnis bekommen, mehr Boden zu beackern, da er ja auch von Althofen zwei „Häfenbrüder" zugeteilt bekommen hat.

In den darauffolgenden Jahren hat Sepp eine große Freude mit dem Kleinen. Hans ist sehr fleißig und hilft auch schon bei den schwersten Arbeiten mit. Sepp erklärt ihm, was er von seinem Vorgänger Poltl abgeschaut hat, nämlich, dass es Vorteile bringt, wenn man mit den Gefangenen gut umgeht. Sie arbeiten dann besser und man muss nicht so sehr aufpassen, dass sie nicht davonlaufen. Dank Sepps guter Behandlung wollte schon manch einer von ihnen nach seiner Entlassung gar nicht mehr fortgehen.

Die Jahre vergehen und aus Hans wird bald schon ein ganzer Mann. Es ist wieder einmal Spätherbst, als Sepp über dem Keller, in dem die Häftlinge hausen, eine Hütte aufbaut. Die Nordost-Seite mauert er mit Steinen auf. Hatten er und Hans bis jetzt im Freien gekocht, kommt die offene Feuerstelle nun in die Hütte; Sepp will damit die Wärme etwas einfangen. Grund dafür ist der vergangene Winter, der so streng war, dass er und Hans bei den Ziegen geschlafen haben, um die Nächte zu überstehen. Da haben es die Häftlinge besser, denn bei ihnen im Erdkeller sinkt die Temperatur nur selten unter null Grad. Sepp und Hans bauen eine breite Bank um die Feuerstelle, die ihr Schlaflager werden soll. Als sie fertig sind, sind sie stolz auf ihre Arbeit.

An einem schönen Herbsttag sagt Sepp zu Hans: „Heint loss i di a poa Stund allanig. In Guttaring drin is Morkt, do muaß i schaugn, wos es Neigs gibt."[35]

Also melkt Hans die Ziegen heute alleine und ebenso alleine kocht er das Abendessen für die Einsitzenden. Als sie gemeinsam die Kartoffelsuppe mit ihren Holzlöffeln essen, hören sie vom Teich her ein Getrampel und Sepps Stimme. Alle sind neugierig, was er da mitbringt und nach ein paar Minuten schreien alle Anwesenden laut auf, denn als Sepp zwischen den Bäumen hervortritt, zieht er an einem Strick eine trächtige Kalbin hinter sich her. Hans und die Häftlinge müssen gleich zu Hilfe kommen, denn die Kalbin ist sehr stark und will, so scheint's, nach Guttaring zurück, mit Sepp im Schlepptau. Kurz darauf steht sie im Stall angebunden und wird von allen bestaunt. Hans freut sich so sehr, dass er seinem Ziehvater um den Hals fällt. „Donn gib's jo bold Kuahmülch"[36], meint er.

Sepp erwidert: „Hiatz waßt, warum i's mitm Mahn und Rechnen so genau gnumman hob. A Kalbin iba Winta fuatan, dos braucht vül Hei. I hob heint a Glick ghobt, doss koana dos Viech gekaft hot. I hob lei dreißg Guldn mitghobt, zehne schuld i dem Vakeifa noch."[37]

Rechtzeitig vor Weihnachten bringt die Kalbin ihr Kälbchen zur Welt. So sitzen am Heiligen Abend Sepp, Hans

---

[35] „Heute lass ich dich für ein paar Stunden alleine. In Guttaring ist Markttag und ich muss schauen gehen, was es Neues gibt."
[36] „Dann gibt es ja bald Kuhmilch."
[37] „Jetzt weißt du, warum ich es mit dem Mähen und Rechnen so genau genommen habe. Es braucht viel Heu, um eine Kalbin einen Winter lang durchzufüttern. Ich habe heute Glück gehabt, dass sonst niemand das Vieh wollte, ich habe nämlich nur dreißig Gulden mitgehabt; zehn schulde ich dem Verkäufer noch."

und auch die Häftlinge um das Feuer, essen Fladenbrot und trinken eine Tasse heiße Milch dazu. Das ist einmal ein Heiliger Abend!

Auch den weiteren Winter überstehen die Männer gut mit ihrer neuen Schlafstelle und der jungen Kuh, die brav Milch gibt.

Fladenbrot
(Arbeitszeit: nur 1 Stunde)

1 kg Dinkelmehl   *1 EL Salz*
3 EL Sonnenblumenkerne   *3 EL Leinsamen*
¾ l lauwarmes Wasser   *1 EL Essig*
1 Würfel Germ in Wasser auflösen

Alles zu einem Teig kneten und mit einem kleinen, mit Wasser befeuchteten Schöpfer zu Laibchen formen und diese auf ein Backblech stürzen. Backblech in das kalte Backrohr schieben und bei 190 Grad ca. 45 Minuten lang gut braun backen. Der Teig reicht für 2 Backbleche.

Wird das Brot in einer Kastenform gebacken, dieses ausfetten und den Teig darin ¼ Stunde lang gehen lassen. Dann die Kastenform ins kalte Rohr schieben und das Brot bei 190 Grad 1 Stunde lang backen.

In dieser Gemeinschaft vergehen noch weitere Jahre. Doch es bleibt nicht immer alles gleich: An einem Februartag werden zwei von drei Häftlingen entlassen und Ende März auch noch der dritte in die neue Haftanstalt nach Klagenfurt überstellt. Fortan wird es keine Häftlinge mehr am Hollersberg geben. Da ist Sepp froh, dass er im Sommer davor noch die Arbeitskraft der Häftlinge genützt hat, um die hinteren Holzwände der Hütte durch Steinmauern zu ersetzen und alles mit einem Holzschrägdach abzudecken.

2. KAPITEL: AUFBAU DES HOFES

1820: Elisabeth und Hans Weber

Der Frühling kommt und es ist Zeit für den Anbau auf den Feldern. Am Hof gibt es ja keine Häftlinge mehr und das bedeutet nicht nur, dass die Hilfe ausbleibt, sondern auch das Kostgeld vom Land, mit dem Sepp seine Kuh abbezahlen könnte. Sepp spricht beim Bürgermeiste am Gemeindeamt vor. Dieser erklärt, dass Sepp den Grund und Boden durch jahrzehntelange Bebauung ersessen hat und damit weiterhin anbauen kann, auch ohne Häftlingsbetreuung. Allerdings muss er ab jetzt Abgaben und Steuern an das Land zahlen.

Beim Nachhausegehen freut sich Sepp darauf, seinen Ziehsohn Hans mit diesen Neuigkeiten überraschen zu können. Gleichzeitig macht er sich aber auch Sorgen darüber, wie er das Leben in Zukunft schaffen soll. Er fühlt sich jetzt oft sehr müde. Als die Häftlinge noch am Hof waren, haben sie geholfen, den schweren Handpflug beim Ackerbau zu ziehen und auch so manch andere schwere Arbeit haben sie übernommen.

Sepp baut einen neuen Holzpflug, wie er ihn bei einem Nachbarn gesehen hat. Vor diesen spannt er seine Kuh, der er den Namen „Sonne" gegeben hat, und mit der Zeit lernt sie, ihn zu ziehen. Sepp führt die Kuh und Hans muss den Pflug fest in der Furche halten. Das erleichtert die schwere Arbeit sehr. Gesät wird erst nach dem Vierbergegehen, denn da wird Getreide getauscht.

Wie jedes Jahr ist Hans auch heuer wieder am „Dreinagelfreitag", dem Freitag nach Ostern, rechtzeitig um Mitternacht am Gipfel des Magdalensbergs, wo das Vierbergegehen – auch Vierberge-Beten genannt – beginnt. Nach der heiligen Messe gehen die Betenden über den Ulrichsberg weiter zum Veitsberg und beenden ihren Weg am Lorenziberg.

Hans trägt einen Sack mit Einkorn und einen mit Emmer auf dem Rücken. Bei größeren Zusammentreffen wie dem Vierbergegehen wird Saatgetreide getauscht. Einkorn, Emmer und Dinkel sind Getreidesorte, die sich gut für den Saatgutwechsel eignen, damit die Böden fruchtbar bleiben und die Erträge hoch ausfallen.

Nach dem langen Fußmarsch über die vier Berge ist Hans sehr müde, seine Beine sind angeschwollen. Zu seinem Glück bekommt er die Gelegenheit, mit einem Pferdefuhrwerk bis Althofen mitzufahren. Von dort schafft er den Fußmarsch auf den Hollersberg leicht. Er freut sich auf den nächsten Tag, denn dann, wenn er sich ausgeruht hat, will er seinem Ziehvater eine Neuigkeit erzählen.

Gleich beim Frühstück berichtet er, dass er eine längere Wegstrecke von Berg zu Berg gemeinsam mit einem Mädchen gegangen ist. Dieses Mädchen, sein Name ist Elisabeth, hat Hans bereits ein Jahr davor beim Gehen und Beten kennengelernt und auch heuer haben beide einander versprochen, sich im nächsten Jahr wieder am Magdalensberg zu treffen. Hans bittet Sepp nun, Elisabeth im nächsten Jahr mit nachhause bringen zu dürfen.

Sepp freut sich sehr über diese Neuigkeit. Er spürt, dass seine Kräfte immer mehr nachlassen und wenn in einem

Jahr eine junge Frau auf den Hof käme, so wäre das eine große Erleichterung und auch Bereicherung. Also schlägt er Hans vor, beim Gemeindeamt um Erlaubnis zu fragen, dass sie das Haus erweitern dürfen.

Doch es sind unruhige Zeiten. Der Gemeindeschreiber hat Sepp gegenüber einmal angedeutet, dass die jahrhundertelange Untertänigkeit gegenüber der Grundherrschaft bald zu Ende gehen würde. Auch Hans hat so etwas gehört: Viele Landarbeiter meinen, der Zeitpunkt für ihre Unabhängigkeit von den Grundherrschaften und vom Land Kärnten sei gekommen und verlangen ein Grundentlastungsgesetz. Die Reichen sollen nicht noch reicher und die Armen nicht noch ärmer werden. Wer sich jetzt nicht darum kümmere und sich der Freiheitsbewegung anschließe, so meinen sie, der werde nichts erreichen.

Von der Gauversammlung zur Genossenschaft

In der Gauversammlung, die in Kärnten von dem Bauern Hans Kudlich geleitet wird, legen die Bauern ihre Forderungen gemeinsam fest. Damit sie ihre neue Selbstständigkeit auch durchsetzen können, werden sogenannte Gaukorrespondenten eingesetzt, die verschiedene Aktivitäten in den einzelnen Gauen koordinieren und Leute dazu einteilen.
Die Gauversammlung kann als Vorstufe der modernen Genossenschaft angesehen werden.

Sepp ist mit der ganzen Situation überfordert und übergibt die Verantwortung an Hans, er sagt: „I konn di rechtlichen Sochn niama mochn, dos muasst jetzt du in deine Händ nehmen."[38]

---

[38] „Ich kann die rechtlichen Angelegenheiten nicht mehr regeln, das musst ab jetzt du in die Hand nehmen."

In den folgenden Monaten bestellen Sepp und Hans fleißig ihre Äcker und hoffen auf möglichst hohen Ertrag, doch ein unbehagliches Gefühl bleibt. Denn ob es für die heurigen Abgaben reichen wird, wissen sie nicht. Die Gebete beim Abendessen sollen diese Unsicherheit beseitigen.

Hans hat an der letzten Gauversammlung teilgenommen und sie mit einem Gefühl der Wachsamkeit verlassen. Diese Freiheitsbewegung, dieser Drang zur Liberalisierung der Grundherrschaft, bringt große Unruhen in die Gesellschaft. Zwar ist das ökonomische Gesetz, aus den vorhandenen Ackerflächen den größtmöglichen Ertrag zu erzielen, sowohl für jeden Landarbeiter als auch für den Herrschaftshof ein Grundbedürfnis, aber die gerechte Aufteilung der Äcker, Wiesen und Wälder wird zu einem Problem. Im Verlauf der Verhandlungen werden die Wälder in Eigenjagden zu jeweils rund einhundertsiebzehn Hektar eingeteilt und Großgrundbesitzern zugeordnet. Kleine Bauern, die ihre Abgaben an das Land nicht erwirtschaften können, werden von Großgrundbesitzern übernommen, die sich diese Abgaben leisten können. Sehr oft dürfen die Bauern als Knechte am ehemals eigenen Hof bleiben und arbeiten von nun an lediglich für ihren Lebensunterhalt.

Hans reist zum Kreisamt nach Unterkärnten und informiert sich über die rechtliche Lage. Er kommt guter Dinge wieder nachhause und ist überzeugt, dass er es mit seinem Ziehvater schaffen wird, die Hube am Holllersberg selbständig zu erhalten. In den vergangenen Jahren haben sie immer brav ihre Abgaben geleistet, sodass sie niemand pfänden kann. Sicher ist das aber noch nicht, denn auch wenn bereits viele Aufteilungen und Zuordnungen von

Grund und Boden getätigt worden sind, gibt es noch immer sehr viele Veränderungen.

Die Witterung in diesem Jahr ist für das Heu und das Getreide genau richtig und Hans und Sepp können sich über einen ausgezeichneten Ertrag freuen. Die Ernte ist so arbeitsaufwendig, dass sie über Wochen dauert. Das Getreide muss gemäht, zu „Garben" gebunden und in Form von „Decklen", wie man am Krappfeld zu den Heumandln sagt, zum Trocknen aufgestellt werden. Erst Ende August werden die Garben unter Dach gebracht und mit dem Dreschflegel händisch ausgedroschen. Das Getreide wird in Säcke abgefüllt, deren große Anzahl Sepp und Hans beruhigen, denn Säcke voll Getreide sind das Zahlungsmittel. Nachdem sie ihre hohen Abgaben geleistet haben, bleibt immer noch genug Getreide für den langen

„Getreide-Decklen"

Winter als Nahrung und Zahlungsmittel übrig. Somit dürfen sie am Hollersberg selbständig weiterarbeiten und das lang ersehnte neue Haus kann gebaut werden. Die Freude darüber verleiht Sepp neue Kraft und er hilft Hans beim Errichten der Süd- und der Westmauer. Auch Nachbarn und ehemalige Häftlinge kommen und helfen tagelang kräftig mit. Wenn Sepp die Arbeit am Bau zu schwer wird, macht er sich in der Küche nützlich und bereitet das Essen zu. Da alle wissen, wie gut Sepp kocht, gibt es genug Helfer und die Arbeit geht zügig voran. Das Haus wird mit Steinen und Lehm errichtet, von beidem gibt es am Hollersberg genug. Auch aus Guttaring kommen Leute und begutachten den Baufortschritt.

Damit seine schwer arbeitenden Gehilfen genügend frisches Wasser bekommen, bringt Hans ihnen welches in einem großen Krug. Hans hat das Gefäß selbst getöpfert und im „Brechlofen" hinter dem Haus gebrannt. Dieser Ofen dient sonst dem Trocknen von Flachs, den Hans jetzt auch anbaut. Er ist sehr stolz auf seinen Krug. So dauert es nicht lange und die Männer, die zum Helfen kommen, verkünden zu Hause: „I geh zum ‚Kruag' orbatn."[39]

„Krug" ist als Vulgoname bis heute erhalten geblieben, denn ein Vulgoname bleibt auch am Hof, wenn sich die Familiennamen im Laufe der Generationen ändern.

Zu dieser Zeit bekommt eine Muttersau beim Nachbarn so viele Ferkel, dass sie sie nicht alle aufziehen kann. So kommt es, dass Sepp zwei kleine Ferkel, ein Weibchen und ein Männchen, bekommt und sie mit Kuhmilch aus der Flasche aufzieht. Das Grunzen der Schweine im Schuppen

---

[39] „Ich gehe zum ‚Krug' arbeiten."

Ein Krug wie dieser war der Namensgeber für den Hof.

Der Name hat sich bis heute gehalten.

gefällt ihm sehr. Das Weibchen will er zur Muttersau heranziehen und das Männchen im Spätherbst schlachten. Als sich die Arbeiter am Ende eines langen Tages auf den Heimweg machen, sehen sie, wie Sepp gerade seine Ferkel füttert und rufen ihm zu: „Zur Schlochtzeit kema wieder und hölfn gern a por Tog."[40]

Im Frühjahr, kurz vor dem Dreinagelfreitag, wird wieder Getreide abgesackt, damit es beim Vierberge-Beten getauscht werden kann. Hans ist voller Vorfreude und gespannt, ob Elisabeth ihr Versprechen halten und kommen wird. Viele Gedanken kreisen in seinem Kopf. Er kann ihr erzählen, dass er einen Besitz hat und sogar die Grundmauern für ein großes Haus schon stehen.

Sepp bleibt zuhause und bäckt Fladenbrot am offenen Feuer, damit es was Gutes zu essen gibt, wenn Hans, vielleicht in Begleitung, nachhause kommt. Dabei überlegt er, im nächsten Jahr ein weiteres Zimmer und eine „Rauchkuchl" mit Backofen zu bauen. Der Ofen würde im Winter das ganze Haus warmhalten.

Zwei Tage später wartet Sepp ungeduldig auf Hans. Er lässt immer wieder seine Blicke über die Wiesen schweifen und hält Ausschau nach zwei Personen. Es wird Abend und Sepp melkt die Kuh Sonne. Da dies ansonsten die Aufgabe von Hans ist, sträubt sich Sonne gegen die ungewohnten Hände. Das Abendessen muss Sepp auch an diesem Abend alleine einnehmen. Später liegt er unruhig auf seinem Strohsack, an Schlaf ist kaum zu denken. Die Nacht

---

[40] „Zur Schlachtzeit kommen wir gerne wieder für ein paar Tage zum Helfen."

erscheint ihm diesmal besonders lang, denn Hans kommt nicht nachhause. Auch der nächste Vormittag vergeht, ohne dass sich der Ziehsohn blicken lässt. Erst gegen Mittag, Sepp arbeitet gerade hinter dem Haus, hört er ein Jauchzen. Schnell stellt er die Schaufel weg und geht nach vorne, um einen besseren Blick über die Wiesen zu haben. Tatsächlich kommen zwei Gestalten die Wiese heraufmarschiert. Sepp geht ihnen ein paar Schritte entgegen.

„Griaß di, Votta", ruft Hans ihm entgegen, „entschuldige, doss i so long nit ham kehm bin, de Getreidesäck wornt so schwaa. I mecht da di Elisabeth vurstölln."[41]

Das Mädchen tritt vor, reicht Sepp die Hand zur Begrüßung und sagt höflich: „Griaß Gott. Bitte seint 'S uns nit beas, doss ma so long ausgeblieben san, oba i hob gestan neama weitalafn kenan. Mir hom in ana Heihittn ibanochtat. Derf i am Hof bleibn, bis Sie mit meim Votta gsprochn hom?"[42]

„Is scho recht", erwidert Sepp, „kimmts erst amol eina zum Feia, ihr seids jo gonz durchgfrorn. Ich hob a getrocknets Fleisch, und Fladnbrot hob i a gebocken."[43]

Glücklich über die Rückkehr seines Ziehsohnes und dessen Mädchen geht er voran ins Haus. Sie setzen sich an den Tisch und nach einem Gebet essen sie, so scheint's, die beste

---

[41] „Grüß dich, Vater, entschuldige, dass ich so lange nicht nachhause gekommen bin, aber die Getreidesäcke waren so schwer. Darf ich dir Elisabeth vorstellen?"
[42] „Grüß Gott. Bitte seien Sie uns nicht böse, dass wir so lange ausgeblieben sind, ich habe gestern nicht mehr weiterlaufen können. Wir haben in einer Heuhütte übernachtet. Darf ich am Hof bleiben, bis Sie mit meinem Vater gesprochen haben?"
[43] „Das ist schon in Ordnung. Kommt erst einmal herein ans Feuer, ihr seid ja ganz durchgefroren. Ich habe getrocknetes Fleisch und Fladenbrot habe ich auch gebacken."

Jause ihres Lebens. Als es Zeit ist, ins Bett zu gehen, bietet Hans Elisabeth seinen Teil der Ofenbank als Nachtquartier an. Er selbst will im Keller schlafen.

„So sulls sein bis der Elisabeth ihre Öltan kuman und mir uns vor Gottes Ongesicht dos Jo-Wurt gebn"[44], sagt Hans.

„Guat so", meint Sepp, „und wonn ma gnua Hölfa kriagn, donn schoffmas bis zu eirer Hochzeit, dos Haus mit den neign Zimmern und dem Bockofn fertig zan stölln. A Kechin homa hiazant jo a." Er lacht und fügt noch hinzu: „Do wernt de Nochborn staunan und noch liaba zan Hölfn keman."[45]

Die Saat geht gut auf und auch die Wiesen wachsen üppig. Die Zeit zwischen Anbau und Heumahd nützen die drei für die Fertigstellung des Hauses. Die hinteren Wände, die Decke und das Rindendach stehen bereits seit dem Vorjahr und das Gewölbe der neuen Rauchkuchl ist auch schon vorhanden. In den nun folgenden Monaten werden die Zwischenmauern und der Backofen aufgestellt. Den ersten Kellerbau hat Sepp noch mit Steinen und Lehm aufgebaut. Jetzt, da es auf fast jedem Hof eine Kalkgrube gibt, muss diese immer gut abgedeckt und eingezäunt sein, da sie für Kinder und Tiere sehr gefährlich ist.

Den gebrannten Kalkstein in Pölling zu holen, ist eine Tagestour für Hans und seine Kuh. Hans spannt Sonne vor seinen Holzkarren und nimmt für sie einen Sack Heu mit,

---

[44] „So soll es sein, bis Elisabeths Eltern kommen und wir uns vor Gottes Angesicht das Ja-Wort geben."

[45] „Gut so. Und wenn wir genug Helfer bekommen, dann schaffen wir es bis zu eurer Hochzeit, das Haus mit den neuen Zimmern und dem Backofen fertigzustellen. Eine Köchin haben wir ja jetzt auch. Da werden die Nachbarn staunen und noch lieber zum Helfen kommen."

außerdem einen Holzeimer, mit dem er unterwegs Wasser aus einem Bach schöpfen kann, wenn sie durstig wird. Für sich selbst packt er Brot ein.

In Pölling werden die Kalksteine aufgeladen und Hans geht den ganzen Rückweg zu Fuß, denn die Kuh hat schwer genug am Karren zu ziehen.

Erst am späten Abend kommt das Gespann nachhause. Hans ist schon sehr müde, doch er lädt noch ab und wirft die Kalksteine in die vorbereitete Grube, in die Sepp schon etwas Wasser geschöpft hat.

Kalklöschen

Die Verbindung von Kalk und Wasser führt zu einer chemischen Reaktion, man sagt „die Grube kocht":

Kalk = $CaCO_3$
gebrannter Kalk = $CaO + CO_2$
gelöschter Kalk = $CaO + H_2O = CaCOH_2$

So entsteht eine speckige Masse, der sogenannte Weißkalk, der zum Ausmalen und zum Mauern verwendet wird, denn Sand mit Kalk ergibt Mörtel.
Über hundert Jahre lang verwendet man auf den Höfen Weißkalk aus der eigenen Kalkgrube zum Malen und Mauern. Erst ab den 1960er-Jahren wird der Kalk von Fertigprodukten aus der Industrie ersetzt und die Kalkgruben verschwinden wieder.

Zum Ende der Bauarbeiten hin ist Sepps Geldbeutel leer, nicht ein Gulden findet sich mehr darin. Der in Friesach ansässige Schamotthändler stundet ihm zum Glück die Bezahlung bis zum nächsten Jahr, doch wenn er dann nicht genug Geld hat, muss er die Kuh verkaufen, so ist es abgemacht. Das wäre aber keine gute Sache, denn Sepp braucht nicht nur die Milch, sondern auch das Tier selbst für das Zuggespann.

So ernst wie jetzt war seine finanzielle Situation noch nie, denn früher hat er für die Häftlinge ein paar Gulden bekommen und die Bautätigkeiten haben sich in Grenzen gehalten. Also beschließt er gemeinsam mit Hans, dass dieser für die Kirche arbeiten soll, im Wald. Auf die Art kann Hans auch gleich die Holzfällerei erlernen, was wichtig ist, immerhin soll er im nächsten Winter das Holz für den neuen Dachstuhl schlagen. Tatsächlich bekommt Hans eine Anstellung und kann als Holzarbeiter bei der Pfarre Maria Hilf anfangen. Das liegt sehr günstig, denn der Fußweg dorthin ist nicht sehr weit.

Für Sepp wird die schwere Arbeit am Hof immer mühsamer, doch Elisabeth hilft fleißig mit. Gemeinsam bringen sie genug Getreidesäcke für die Abgaben in diesem Jahr zusammen.

Im Spätsommer steht der Backofen in voller Größe und die Stube wird von der Rauchkuchl aus beheizt. Die drei Hausbewohner freuen sich über die wohlige Wärme. Sepp ist sehr zufrieden, denn inzwischen ist klar, dass er die Schulden beim Schamotthändler wird bezahlen können. Die Kuh Sonne kann also am Hof bleiben und die Nahrungsgrundlage ist gesichert.

Als Hans von seinem monatlichen Gemeindegang nach Guttaring heimkommt, bringt er eine Postkarte von Elisabeths Eltern mit. Neugierig lesen er und Elisabeth, was sie schreiben:

„Liebe Elisabeth! Wir hoffen, es geht euch gut! Wir kommen am 15. September zu euch und bleiben für 3 Tage. Es soll beschlossen werden, ob du wieder nach Hause fährst oder ob du heiratest und am Hof bleibst."

Elisabeth freut sich so, dass sie Hans einen Kuss auf die Wange drückt. Dieser meint voller Stolz: „Deine Öltan schlofn im neign Zimma und am sibzentn Septemba wed gheiratet."[46]

Elisabeth ist überglücklich und antwortet: „Jo, natialich, Hons. Danke!"[47]

Sie sehen Sepp langsam vom Stall herüberkommen und Hans, gefolgt von Elisabeth, geht ihm entgegen. „Votta, da Elisabeth ihre Öltan keman am fuchzentn Septemba. Donn wullma heiratn, wonn du einvastondn bist."[48]

Mit vor Freude heiserer Stimme antwortet Sepp ganz leise: „Is dos schen! Des is mei greßte Freid!"[49]

Die nächsten zwei Wochen vergehen mit den Hochzeitsvorbereitungen wie im Flug. Elisabeth ist sehr aufgeregt und freut sich, ihre Eltern nach so langer Zeit wiederzusehen. Hans malt das Zimmer mit Kalk aus der Kalkgrube ein zweites Mal aus.

Ein Freund von Hans kommt und zimmert ein Ehebett; es misst anderthalb mal zwei Meter und sieht aus wie eine

---

[46] „Deine Eltern schlafen im neuen Zimmer und am 17. September wird geheiratet."
[47] „Ja, natürlich, Hans. Danke!"
[48] „Vater, Elisabeths Eltern kommen am 15. September. Dann wollen wir heiraten, wenn du damit einverstanden bist."
[49] „Ist das schön! Das ist meine größte Freude!"

Kiste. Elisabeth füllt den „Bettsack" mit feinem Stroh, damit er schön weich ist. Als Decke dient ein gewalktes, schweres Tuch, das allgemein „Kotzn" genannt wird.

Auch in der Rauchkuchl laufen die Vorbereitungen auf Hochtouren: Es wird gekocht, Brot gebacken und geselcht. Die „Brotriema" ist voll mit frischen Brotlaiben.

> **Brotriema**
>
> *Die Brotriema ist eine Holzkonstruktion, in die die Brotlaibe zur Aufbewahrung gestellt werden. Gebogenen Weidenruten, an denen die Laibe hintereinander lehnen, sorgen dafür, dass sie einander nicht berühren, was sehr wichtig ist. Das gesamte Gestell wird von der Küchendecke abgehängt.*

Auf den ersten Brotlaib aus dem neuen Backofen ist Elisabeth besonders stolz. Das Brautpaar freut sich sehr auf seine Hochzeit.

Schließlich, am Samstagabend, klopft es an der Stubentür. Endlich sind die lang ersehnten Eltern von Elisabeth eingetroffen. Sepp bittet sie herzlich herein und alle begrüßen einander. Die Eltern erzählen, dass sie mit der Postkutsche bis nach Rabachboden gefahren und dann auf den Hollersberg herauf gewandert sind, so, wie Elisabeth es ihnen auf einer Postkarte beschrieben hat. Bei einer gemeinsamen Jause wird die Hochzeit offiziell beschlossen und auch gleich die Einzelheiten besprochen: Die Brautmesse soll in der Kirche von Guttaring stattfinden.

Elisabeths Eltern sind vom Hof sehr angetan, immerhin ist hier alles neu und sauber. Sepp erzählt ihnen aber auch, dass sie durch den Umbau bei den Nachbarn und dem Schamotthändler in Friesach Schulden haben, weswegen

Hans für die Kirche Waldarbeit erledigt, um ein Zubrot zu verdienen.

Am 17. September 1835 zieht die Hochzeitsgesellschaft schon um 8 Uhr früh zu Fuß los nach Guttaring. Eine Brautmesse ist immer eine Besonderheit im Dorf und so wird schon die ganze Zeit über die „Hochzeit vom Krug'n Bauer" gesprochen. Entsprechend viele Schaulustige säumen den Weg zur Kirche.

Sepp kann den Weg nach Guttaring zu Fuß nicht mehr bewältigen. Deshalb bleibt er zuhause und heizt regelmäßig den Ofen nach, damit der Schweinsbraten mürbe wird. Er deckt den Tisch feierlich, denn er war sein Leben lang Bauer und Bäuerin zugleich.

Dieser Tag wird für das Brautpaar unvergesslich bleiben, denn endlich können die beiden gemeinsam in ihrem eigenen Zimmer schlafen. Drei Jahre ist es her, dass sie einander zum ersten Mal gesehen und einander versprochen haben; nun ist ihr Wunsch Wirklichkeit geworden.

Elisabeths Eltern bleiben noch eine ganze Woche und helfen dem jungen Paar bei Holz- und Gartenarbeiten, die wegen der Hochzeitsvorbereitungen verschoben worden sind. Erst dann machen sie sich zur Abreise bereit. Hans vereinbart mit seinem Schwiegervater ein Wiedersehen im Frühjahr; sie wollen gemeinsam das Holz für den Backofen und für den darauffolgenden Winter schlagen. Die Eltern verabschieden sich mit den besten Wünschen für Hans und Elisabeth und machen sich zu Fuß auf den Weg zur Postkutsche.

Für das junge Paar wird der Übertritt in den Ehestand durch die Mitgift erleichtert, eine beträchtliche Summe Geld, die Elisabeths Eltern mitgebracht haben.

Am Heiligen Abend sitzen Elisabeth, Hans und Sepp in der Stube und beten, das Jesukind liegt in Form eines in Leinen gewickelten Stückes Holz am Tisch. Die kleine Familie genießt die warme Stube und Sepp ist sehr glücklich, aber auch sehr müde. Er ist dankbar für jeden Tag, den er noch mit Hans und Elisabeth verbringen kann und bemerkt voll Freude, dass sich der Bauch seiner Schwiegertochter immer mehr rundet und sich somit die nächste Generation beim „Krug" ankündigt.

Bald nach einer schönen, friedvollen Weihnachtszeit schläft Sepp für immer ein; Hans und Elisabeth sind zu tiefst betroffen. Zwei Tage lang wird der Leichnam im Haus aufgebahrt, dann kommt der Zimmerer mit einer Kiste, in die Sepp gelegt wird. Viele Nachbarn sind gekommen, um sich von ihm zu verabschieden, sie begleiten ihn auf seinem letzten Weg nach Guttaring. Seine Kuh Sonne, die selbst schon sehr alt ist, zieht den Karren mit dem Sarg über den holprigen Weg zur Kirche von Guttaring. Sepp hat seinen „Krug'n-Hof" für immer verlassen.

Die Gewissheit, dass bald ein Kind in der Wiege liegen wird, ist ein großer Trost für Hans und Elisabeth. Die folgenden Wintermonate sind für beide nicht leicht und der Verlust von Sepp tut sehr weh.

Zu essen haben sie genug, zwei Kühe, ein Schwein und einige Hühner gibt es am Hof. Elisabeth verarbeitet die

Milch und was zu viel ist, wird zum Nachbarn gebracht, denn dort gibt es viele Kinder, die immer sehr hungrig sind. Die Nachbarn versprechen dafür, im Frühjahr beim Zimmern des Dachstuhls zu helfen. Man trifft sich immer wieder einmal, um Erfahrungen auszutauschen und zusammenzusitzen; am liebsten, wenn frisches Brot auf den Tisch kommt. An besonderen Tagen wird auch Habermus ausgekocht.

> *Habermus für zwei Personen*
>
> *2 Esslöffel Haferflocken und 4 Esslöffel Dinkel (grob gemahlen) salzen, einige Stunden in etwas Wasser einweichen und kühl stellen. 2 dl Milch aufkochen und den Teig mit einer Spätzle-Wiege in die Milch einkochen.*
> *Das Habermus kann entweder so gegessen werden, oder man reibt einen Apfel hinein und verfeinert es mit Zimt und Honig oder Zucker.*

Die Monate vergehen und Hans beobachtet voll Freude, wie die Schwangerschaft seiner Frau immer deutlicher sichtbar wird. Nach Ostern, sobald es die Witterung zulässt, wird mit Nachbarn und Freunden der Dachstuhl aufgezogen. Auch Elisabeths Eltern sind wie versprochen gekommen, um bei der Arbeit zu helfen. Elisabeth genießt es sehr, ihre Eltern am Hof zu haben, besonders jetzt, wo sie ihr erstes Kind erwartet.

Bezahlt werden die Helfer mit gutem Essen. Hans hat schon vor einiger Zeit Schweinefleisch in die Sur gelegt, das kann jetzt zu einem guten Mahl verkocht werden.

„Bis dos Kind do is, muass dos Doch zuagedeckt sein"[50], sagt Hans und beginnt, das Dach mit Stroh zu decken.

---

[50] „Bis das Kind da ist, muss das Dach gedeckt sein."

Natürlich darf ihn das nicht von der übrigen Arbeit am Hof abhalten, unter anderem lehrt er der Kalbin, die Egge zu ziehen; Mutter Sonne ist mittlerweile zu alt dafür.

Ausgehend vom Hochzeitstag wird der Geburtstermin errechnet. Leider bleiben Elisabeths Eltern nicht bis zu ihrer Niederkunft, deshalb kann Elisabeth bei der Geburt nicht auf die Erfahrung ihrer Mutter zurückgreifen. Hans kontaktiert daher rechtzeitig eine Frau in Silberegg, die als Geburtshelferin bekannt ist und fragt sie, was er vorbereiten solle, wenn die Wehen beginnen. Sie trägt Hans auf, frisches Leinen bereitzustellen und den Ofen einzuheizen, wenn es soweit ist.

Schließlich steht das Haus mit dem neuen Dachstuhl und der Strohdeckung prächtig da. Es hat viel mehr gekostet als geplant, kaum ein Gulden ist übriggeblieben. Auch das Geld der Schwiegereltern ist aufgebraucht, und so hat Hans wieder Sorgen. In Guttaring hört er die Leute erzählen, dass man in Hüttenberg dringend Holzkohle für den Bergbau benötige. Er spricht mit Elisabeth darüber, denn er sieht die Möglichkeit, mit der Köhlerei den einen oder anderen Gulden dazuverdienen zu können. Elisabeth ist begeistert von der Idee. Beide ahnen nicht, wie schwer die Arbeit eines Köhlers ist.

Ende Mai hat Elisabeth ihren Garten fertig angebaut. Mittlerweile fällt ihr das Arbeiten nicht mehr leicht, denn die Schwangerschaft ist schon weit fortgeschritten. Sie zählt die Tage und wünscht sich sehr, dass ihr Kind bald in der Wiege liegen möge. Die Wiege steht schon im elterlichen

Schlafzimmer bereit, sie ist vom selben Zimmermann gebaut worden, der schon ihr und Hans' Ehebett errichtet hat.

Dann kommt der Tag, an dem Elisabeth ein Ziehen in ihrem Bauch verspürt. Schnell schickt sie Hans nach Silberegg, um die Geburtshelferin zu holen. Währenddessen heizt sie den Ofen ein und richtet die Leintücher her. Zwar werden die Wehen während Hans' Abwesenheit nicht stärker, trotzdem ist sie froh, als sie Stimmen vor dem Haus hört. Sie begrüßt die Geburtshelferin mit einem „Vergelt's Gott" und bittet sie, einzutreten. Während die Frauen alles vorbereiten, geht Hans seiner Arbeit nach und als er nach Stunden wieder ins Haus kommt, ist Elisabeths Zustand unverändert. Sorgenvoll blickt er zur Hebamme, aber die beruhigt ihn: „Dos is normal. Dos seint di Geburtsvurbereitungan, dafir gehts nochant schnölla."[51]

Nachtsüber stöhnt Elisabeth immer wieder und Hans kann nicht schlafen. Er steht schon um vier Uhr morgens auf und erledigt die Stallarbeit. Plötzlich hört er einen Schrei und erschrickt so sehr, dass ihm beinahe der hölzerne Melkeimer aus den Händen fällt. Sofort stellt er ihn ab und rennt ins Haus, so schnell er kann.

Zu seiner Freude hält die Geburtshelferin schon das Kindlein im Arm. Er lächelt glücklich, ein Mädchen, seine Tochter, ist zur Welt gekommen! Sie soll den Namen Hanna tragen.

Zwei Tage bleibt die Hebamme noch bei ihnen im Haus und betreut Mutter und Kind. Sie nimmt Elisabeth die

---

[51] „Das ist normal. Das sind die Geburtsvorbereitungen, dafür geht es dann schneller."

Unsicherheit im Umgang mit einem Neugeborenen und zeigt ihr, wie sie es richtig versorgen und stillen muss. Während Elisabeth mit ihrem Kind beschäftigt ist, hebt Hans die Gruben für die Holzkohlenbereitung aus.

Nach vierzehn Tagen tragen die frisch gebackenen Eltern Hanna zur Taufe nach Guttaring in die Kirche.

Hanna wächst und gedeiht prächtig. Elisabeth hat viel zu tun: Neben der Garten- und Feldarbeit gilt es auch, Hans bei seiner Arbeit als Köhler zu helfen. Hanna ist immer in ihrer Nähe und das Stillen jedes Mal eine willkommene Pause von der schweren Arbeit.

Um einen Köhlermeiler zu bauen, muss Hans wochenlang im Wald arbeiten. Mit der Hacke schlägt er Bäume, die zu dicht beieinanderstehen, entastet sie und zersägt sie dann in rund zweieinhalb Meter lange Stücke. Diese stellt er in das zuvor ausgehobene Loch, bis kein Stück mehr Platz hat, danach stellt er das zweite Bündel in gleicher Weise auf das erste, so dass sich ein kaminartiger Aufbau mit einem Durchmesser von sechs Metern ergibt. Das Gebilde wird mit Erde und Reisig luftdicht abgedeckt und mit Holzpfosten beschwert. Einzig oben in der Mitte bleibt eine Öffnung, das sogenannte „Maul". Hierauf legt Hans einen Rost, auf dem er ein Lagerfeuer entzündet. Am nächsten Tag, wenn die oberen Baumstämme zu glosen begonnen haben, bedeckt er das Maul, damit kein offenes Feuer entsteht. Damit die Glut nicht erstickt, sticht Hans Zuglöcher in den Meiler, mit denen er auch die Temperatur im Inneren regeln kann. Je nach den vorherrschenden Windverhältnissen macht Hans mehr oder weniger Löcher auf oder zu; das ist die große Kunst beim Köhlern.

Drei Wochen lang glost das Feuer im Inneren des Meilers. Hans muss mehrmals am Tag und in der Nacht die Luftzufuhr regulieren; das darf er keinesfalls versäumen. Solange weißer Rauch aufsteigt, ist noch viel Wasserdampf dabei, was zeigt, dass das Holz noch nicht verkohlt ist. Wird der Rauch blau, kann der Meiler abgebaut und die Kohle herausgenommen werden. Hans zieht die Holzkohle mit einem „Störhackl" heraus und löscht sie mit einer Gießkanne. Deshalb wird ein Köhlermeiler immer in der Nähe von einem Bach oder einem Teich errichtet, damit zum Löschen genug Wasser in greifbarer Nähe vorhanden ist. Hans hat seinen Meiler neben dem kleinen Teich beim Krug'n-Hof gebaut. Das Löschen der Holzkohle ist eine langwierige, dreckige Schwerarbeit. Tagelang ist die Haut von Hans schwarz vom Ruß und die ständige Hitze ist fast unerträglich.

Doch das Köhlern bringt eine gute Zubuße, Hans und Elisabeth können ihre Schulden sehr gut abbauen.

So vergeht der Sommer und im Herbst heißt es, den Garten einzuwintern. Rote Rüben, Rettich und Suppenkraut werden im Keller eingelagert. Das Spätkraut wird geschnitten, schichtweise mit Salz und Kümmel im Krautfass eingebettet und dann so lange gestampft, bis Wasser aus den Blättern austritt. Abschließend wird das gestampfte Kraut mit Wasser aufgefüllt und mit ganzen Krautblättern zugedeckt. Das daraus entstehende Sauerkraut ist eine wichtige Vitamin-C-Spende für den Winter. Da in den kalten

Monaten nichts zugekauft wird, muss Elisabeth mit ihren Vorräten gut haushalten.

Elisabeth und Hans Weber schenken noch zwei weiteren Mädchen das Leben. Sie führen ein glückliches, mit schwerer Arbeit gezeichnetes Dasein. Immer wieder besuchen Elisabeths Eltern ihre Tochter und die Enkelkinder.

> **Elisabeths Eltern**
>
> *Es ist nicht bekannt, welchen Beruf Elisabeths Eltern hatten, testamentarisch ist jedoch belegt, dass sie die Familie ihrer Tochter immer wieder mit ein paar Kronen unterstützt haben.*

Die drei Kinder wachsen zu lustigen Bauernmädchen heran. Die Eltern gehen sehr herzlich und liebevoll mit ihnen um und binden sie gut in die harte Bauernarbeit mit ein. Bald steht fest, dass Hanna, die älteste Tochter, beim Krug zu Hause bleiben soll. Die schöne Gemeinsamkeit und Familieneinheit besteht noch viele Jahre.

Hans will die Köhlerei schließlich wieder aufgeben, weil sie ihn körperlich zu sehr anstrengt. Er will sich stattdessen mehr dem Vieh und der Landwirtschaft widmen. Im kleinen Stall hat aber kein weiteres Tier mehr Platz, deshalb plant er, einen größeren zu bauen. Zu Hilfe kommt ihm ein junger, stark gewachsener Zimmermann namens Vinzenz Langwieser, der auch das Mauern mit Steinen gut beherrscht. Er stammt aus Untermarkt, einem Dorf am Fuße von Althofen. Es dauert nicht lange und die ersten Säulen für die Grundmauern des neuen Stalls stehen. Hans ist froh, dass mit diesem Burschen das Bauen so gut voran geht.

Elisabeth bemerkt bald, dass Hanna, die mittlerweile im Jungmädchenalter ist, dieser großgewachsene junge Mann sehr gut gefällt, denn sie marschiert immer wieder mit dem Wasserkrug zur Baustelle. Wenn gebaut wird, müssen auch die Frauen Steine und schwere Holzeimer schleppen – Hanna macht das auffällig gerne.

> ### Und danach?
>
> *Der Krug'n-Hof wird im Jahr 1862 an Hanna und Vinzenz Langwieser überschrieben. Hans stirbt bald darauf, woran, ist unbekannt. Von Elisabeth Weber, die die junge Familie noch lange begleitet, gibt es 1891 die letzte Aufzeichnung. (Siehe Anhang.)*

Im Herbst stehen alle Grundmauern des neuen Stalles und Hans und Vinzenz überdachen sie provisorisch, damit die zwei Kühe, der Ochse und die beiden Schweine den kalten Winter schon im neuen Stall überdauern können.

Hans plant, den Dachstuhl im nächsten Jahr aufzuziehen, doch er weiß noch nicht, wie er das schaffen kann, denn es mangelt ihm an Zeit und Geld. Doch als Vinzenz um die Hand seiner Tochter Hanna anhält, sind diese Sorgen verflogen. Mit ihm hat Hans in Zukunft nicht nur einen guten Schwiegersohn, sondern auch einen Gehilfen, der zupacken kann.

Durch die ständigen baulichen Verbesserungen ist die Krug-Stube jetzt auch im Winter gemütlich.

3. KAPITEL: MANCHMAL WERDEN MÄRCHEN WAHR

1865: Hanna und Vinzenz Langwieser

Es ist eine harte Zeit und sehr karg beim Krug. Hanna und Vinzenz bekommen ein Kind nach dem anderen. Das älteste Mädchen, Leni, ist gerade fünfzehn Jahre alt, als das neunte Kind in der Wiege liegt. Zwei weitere haben ihre Geburt nicht überstanden. Leni kriegt immer wieder zu hören, dass zu wenig Essen für die große Familie vorhanden sei. Eine Kuh ist trächtig und die zwei anderen geben zu wenig Milch. Wenn im Schloss Silberegg Milch gebraucht wird, bleibt nichts mehr für zuhause und die Mutter kann auch keinen Topfen machen. Damit fallen auch gewisse Gerichte aus, wie etwa Topfenlaibchen.

Topfenlaibchen für zwei bis drei Personen

30 dag gekochte, geriebene Kartoffeln mit 30 dag Topfen, 10 dag Vollmehl, 2 Eiern, Salz und etwas Muskat zu einem Teig kneten, kleine Laibchen formen und diese etwas flachdrücken. In wenig Fett beidseitig goldgelb backen. Als Zuspeise Salat oder Kompott servieren.
Zubereitungszeit: ca. 50 Minuten.

Aber die dritte Kuh bekommt bald ein Kälbchen, dann gibt es wieder frische Milch. Die Freude ist groß, tagelang warten alle schon auf das Kalb, die kleinen Kinder sind schon ganz aufgeregt. Als die trächtige Kuh zwei Tage lang nicht mehr aufsteht, hilft Vater ihr, das Kälbchen auf die Welt zu bringen. Jakob, einer von Lenis Brüdern, darf zusehen, denn er ist schon acht Jahre alt. Doch oh Schreck, der

Geburtsvorgang hat zu lange gedauert, das Kälbchen kommt tot zur Welt. Auch die Kuh steht nicht mehr auf, obwohl sie ihre eigene Milch zu trinken bekommt. Als Vater am nächsten Morgen in den Stall kommt, ist auch die Kuh verendet.

Das ist eine Katastrophe für die Familie, Mutter und die Mädchen weinen bitterlich. In seiner kindlichen Einfalt versucht Jakob sie zu beruhigen: „I trog ka Milch mehr noch Sülbregg, donn homa sölba wos zan essn."[52]

Leni meint: „I geh noch Olthofn und suach ma a Orbat."[53]

Das hat sie schon öfter gemacht, hat es aber nie lange ausgehalten. Diesmal nimmt sie sich fest vor, durchzuhalten und ohne Familie selbständig zu werden. Sie verabschiedet sich von ihren Eltern und Geschwistern und zeigt ihre Tränen nicht. Die kleineren Geschwister stehen am sogenannten Gankl, dem Stiegenaufgang zur Haustür, winken ihr nach und rufen: „Bring an Zucka mit, wennst wiedakummst."[54]

So marschiert Leni ohne einen Gulden durch Rabachboden und über den Dachberg nach Althofen. Beim Gasthof Kollinger neben dem Bahnhof fragt sie um Arbeit und bekommt auch eine. Sobald sie etwas Geld gespart haben wird, möchte Leni mit dem Zug wegfahren, um irgendwo ihr eigenes Brot zu verdienen. Daheim am Hof kommt ja bald wieder ein kleines Kind zur Welt, das gefüttert werden muss. Wohin sie fahren wird, weiß sie aber noch nicht.

---

[52] „Ich trage keine Milch mehr nach Silberegg, dann haben wir selbst etwas zu essen."
[53] „Ich gehe nach Althofen und suche mir eine Arbeit."
[54] „Bring Zucker mit, wenn du wiederkommst."

Im Gasthof bekommt sie die Abwascharbeit zugeteilt, ihr Lohn besteht aus Essen und einem Heusack in einer Ecke zum Schlafen; von Geld ist keine Rede. Das macht sie eine Woche lang. Immer, wenn sie das Heimweh packt, denkt sie sich, dass sie weiter wegfahren müsse, damit sie nicht wieder nach Hause zu ihrer Mutter laufen könne. Es war schon zweimal so, dass sie ihre Füße einfach wieder auf den Hollersberg getragen haben.

An einem Vormittag, nach dem ersten Abwaschdienst, findet Leni Zeit, um zum Bahnhof zu gehen. Sie setzt sich auf eine Bank und träumt von der großen Welt. Dann blickt sie gegen Osten zum Hollersberg und denkt: „Ob die Muata schon kocht? Wos di Klanen eppa mochn? Wos sich da Jakob eppa grod fir an Spaß ausdenkt?"[55]

Auf einmal heult, pfaucht und dampft ein Zug daher. Aus dem Wärterhäusel kommt ein Mann mit einer Eisenbahneruniform samt Kappe und einem Winker heraus. Drei weitere Personen stehen am Bahnsteig und machen sich bereit zum Einsteigen. Der Wärter hilft einer Frau, ihre Kiste in einen der Waggons zu hieven. Leni steht unbeteiligt daneben, und auf einmal packt der Mann mit der Eisenbahneruniform auch sie und sagt: „I hülf da eini, dos is jo zhoch"[56], und schwupps, steht Leni im Zug. Die anderen eingestiegenen Passagiere gehen in die Waggonabteile und beachten sie nicht. Der Wärter am Bahnsteig hebt seinen Winker und der Zug fährt ab.

---

[55] „Ob die Mutter schon kocht? Was die Kleinen wohl machen? Was sich Jakob wohl gerade für Späße ausdenkt?"
[56] „Ich helfe dir hinein, das ist ja zu hoch."

Leni braucht einige Zeit bis sie begreift, was jetzt eigentlich los ist. Ihr erster Gedanke ist nicht, dass sie kein Geld hat, sondern dass ihr Sonntagsdirndl am Heusack im Gasthof liegt. Dann setzt sie sich in ein Abteil. Erst einmal ist sie mit der Eisenbahn gefahren, mit ihrem Vater nach Friesach, so weiß sie, dass der Zug in diese Richtung unterwegs ist. Als er nun in Friesach stehenbleibt, könnte sie aussteigen, aber nein, sie will ja weg und nicht zurück zum Hollersberg, also bleibt sie sitzen. Leute steigen aus und ein, es gibt wieder einen Ruck, der Zug fährt weiter. Wohin die Reise jetzt wohl geht?

Der Schaffner kommt näher und da sie ja keine Fahrkarte hat, wechselt sie schnell das Abteil. Sie will sich eine Geschichte ausdenken, die sie ihm erzählen kann, doch ihr fällt nichts ein. Schließlich kommt er und sagt: „Fahrkarte, bitte."

Ohne nachzudenken sagt Leni: „I gher zur Dame im nextn Obteil, de mitm schworzn Kleid."[57]

„Aha, zur gnädigen Frau", meint der Kontrolleur und geht weiter. Zu der Dame mit dem schwarzen Kleid sagt er: „Gnädigste, heute zu zweit?"

Die Angesprochene weiß nicht, was er meint, doch sie lächelt. Leni setzt sich in ihr Abteil und fühlt sich wohl dabei. Beim nächsten Mal, als Schaffner durchgeht, beachtet er sie nicht mehr.

Der Zug bleibt immer wieder stehen und da die Dame sitzenbleibt, bleibt auch Leni. Nach einiger Zeit hört sie den Schaffner rufen: „Bruck an der Mur – Endstation!" Die Dame

---

[57] „Ich gehöre zu der Dame im vorigen Abteil, die mit dem schwarzen Kleid."

nimmt ihre schwere Kiste, ein anderer Fahrgast hilft ihr dabei, und steigt aus.

Was soll Leni jetzt machen? Alle steigen aus und der Schaffner kontrolliert alle Abteile im ganzen Zug. Leni versteckt sich unter einer Bank, sie weiß nicht, was sie tun soll; aussteigen, liegen bleiben ... Schließlich nimmt sie all ihren Mut zusammen, öffnet die Zugtür und steigt aus. Als die Tür hinter ihr zufällt, gibt es einen Krach und der Schaffner, der sich am Bahnsteig schon entfernt hat, dreht sich um und erschrickt, als er das Mädchen sieht.

„Ja, Himmel, Herrgott, wo kommst du denn her? Hast du deine Mutter verloren? oder ist es deine Tante?"

Leni antwortet schnell: „Si is mei Tante, i wor zu longsom."[58]

„Sie ist sicherlich im Gasthof, weil der Zug nach Wien fährt erst in einer Stunde", erklärt der Schaffner freundlich.

„A, donkschen, i laf irn gschwind noch"[59], erwidert Leni hastig und rennt in Richtung der beleuchteten Bahnhofsgaststätte, wo sie durch ein Fenster blickt, um die Dame zu suchen. Diese sitzt an einem Tisch und bekommt gerade etwas zu essen und zu trinken serviert. Da erst spürt Leni, dass auch ihr der Magen knurrt und sie auch sehr durstig ist. Sie schaut zurück, ob der Schaffner wohl schon weg ist, dann dreht sie sich um und geht die Straße entlang, denn sie sieht Obstbäume hinter den Häusern und Äpfel und Birnen helfen sowohl gegen den Hunger als auch gegen den Durst.

---

[58] „Sie ist meine Tante, ich war zu langsam."
[59] „Ah, danke, ich laufe schnell nach."

Wenn sie zur Schule nach Guttaring gegangen ist, hat sie von ihrer Mutter immer einen Apfel als Jause mitbekommen. Aber wirklich oft war Leni nicht in der Schule, denn trotz Schulpflicht haben die Eltern immer eine Ausrede gehabt, sie nicht hinzuschicken, weil sie sie zuhause für die Arbeit gebraucht haben. Der Mutter bei den kleinen Geschwistern zu helfen war eine Selbstverständlichkeit, außerdem hat Vater immer gesagt: „Zvül lernan is nit guat. Orbat is dos wohre Lebn."[60]

Als Leni nun an einem Obstgarten vorbeikommt, setzt sie sich unter einen Baum und isst einen Apfel. Sie hängt ihren Gedanken nach: Der Schaffner hat gesagt, dass in einer Stunde ein Zug nach Wien fährt. Wien, das ist wohl weit genug weg von zuhause, aber wie kann sie ohne Fahrkarte mitfahren? Ein Mann kommt vorbei und beschimpft sie, weil sie einen Apfel gestohlen hat. Leni nimmt sich noch schnell einen zweiten und flüchtet · wieder in Richtung Bahnhof. Sie will in diesen Zug nach Wien!

Beim Gasthaus angekommen, schaut sie zum Fenster hinein. Die elegante Frau mit dem schwarzen Kleid macht sich gerade auf und ist mit ihrem schweren Gepäck beschäftigt; sie schleppt es umständlich zum Ausgang. Leni öffnet ihr die große Tür und fragt, ob sie ihr helfen kann. Die Frau bedankt sich und gibt Leni eine kleine Tasche, in der sich wohl Toilettenartikel befinden. Mit der anderen Hand darf ihr das Mädchen mit der großen Kiste helfen, die wirklich sehr schwer ist. In Gedanken malt sich Leni Bilder davon aus, was für schöne Kleider wohl in dieser Kiste liegen ...

---

[60] „Zu viel lernen ist nicht gut. Arbeit ist das wahre Leben."

„Fährst du auch mit dem Zug nach Wien?", fragt die Dame.

„Jo, jo, da Zug wed wohl bold keman"[61], beeilt sich Leni zu antworten.

Bald fährt der Zug am Bahnsteig ein. Der Schaffner von der letzten Zugfahrt kommt und hilft der Dame und Leni mit ihrem Gepäck in den Zug. Leni lässt die kleine Tasche nicht aus, denn sie will mit der Frau wieder mitfahren.

„Habt ihr euch wiedergefunden?", fragt der Schaffner.

„Ja, sie hilft mir mit meinen Sachen", sagt die Dame.

Leni setzt sich im Zug an die Seite der Gnädigsten und ist glücklich. Sie weiß nicht, was die nächsten Stunden bringen werden, aber zunächst einmal isst sie ihren zweiten Apfel. Die elegante Dame reicht ihr Kekse dazu, so gute, wie Leni sie noch nie gegessen hat. Sie denkt an ihre Geschwister.

„Was machst du in Wien?", fragt die Dame.

„I suach Orbeit, wal i daham zehn klane Gschwista hob"[62], antwortet Leni und dann erzählt sie lange und ausführlich, manchmal unter Tränen, vom Leben am Hollersberg und von ihrer Familie.

Als sie fertig ist, sagt die elegante Dame gütig: „Für heute nehme ich dich mit zu meiner Schwester. Vielleicht kann sie dich als Kindermädchen brauchen, ihre Kinder gehen bald zur Schule. Kannst du schreiben?"

Leni ist stolz, dass sie diese Frage mit „ja" beantworten kann. Ab und zu war sie ja in der Schule, außerdem hat ihr die Pfarrhofköchin nach dem wöchentlichen Kirchgang immer wieder Unterricht in Lesen und Schreiben gegeben.

---

[61] „Ja, ja, der Zug wird wohl bald kommen."
[62] „Ich suche Arbeit, weil ich zuhause zehn kleine Geschwister habe."

> **Was aus Leni geworden ist**
>
> *Aus Erzählungen, die über Generationen weitergetragen wurden, weiß man, dass die Wiener Familie, bei der Leni untergekommen ist, ihre Geburtsurkunde von der Gemeinde in Guttaring eingeholt hat.*
> *Leni hat sich daheim am Hollersberg sehr lange nicht gemeldet. Wahrscheinlich hat sie das schlechte Gewissen geplagt, dass sie ihren kleinen Geschwistern keinen Zucker gebracht hat, wie diese es sich gewünscht haben.*

Daheim am Hollersberg haben die Kinder oft von Leni gesprochen und die Eltern gefragt, was mit ihr los sei. Mutter Hanna hat dabei immer traurige, feuchte Augen bekommen.

Doch eines Tages kommt ein Bote mit einer Postkarte zum Krug'n-Hof. Jakob ist inzwischen zwölf Jahre alt und bemerkt, dass diese Karte für große Aufregung sorgt. Der Vater sagt zu zweien seiner Töchter, die inzwischen vierzehn und fünfzehn Jahre alt sind, dass sie in drei Tagen am Bahnhof in Althofen von einer Frau abgeholt und mit ihr nach Wien fahren werden.

> **Was war dann?**
>
> *Es ist anzunehmen, dass die Mädchen von derselben gnädigen Frau abgeholt worden sind, bei der auch Leni Arbeit gefunden hat, und dass sie die beiden Mädchen zu ihrer Schwester gebracht hat. Von da an hatten die drei Hollersberger Mädchen kaum mehr Kontakt nachhause.*
> *Erst in der nächsten Generation fanden die Kinder der drei den Weg zum Hollersberg. Sie interessierten sich für die Wurzeln ihrer Mütter und Vorfahren.*

Zehn Jahre später ist Jakob ein stämmiger Jungbauer geworden. Die Mahd geht ihm gut von der Hand und weil es beim Krug jetzt vier Kühe gibt, will er noch einen halben Hektar Wald roden, um mehr Weidefläche zu schaffen.

Wenn er zur Herrschaft nach Gut Silberegg arbeiten geht, bringt er gleich Milch und Topfen hin.

Es sind jetzt nur mehr drei Geschwister zu Hause. Von den Mädchen in Wien weiß man, dass sie einen guten Platz gefunden haben, was Mutter Hanna sehr beruhigt. Sie übersieht bei ihrer täglichen Arbeit im Stall, am Feld, im Wald und im Haus, wie die Jahre vergehen.

Katharina, eine Tochter vom benachbarten Hasenfelder-Hof, arbeitet ebenfalls für die Herrschaft in Silberegg, nämlich in der Küche. Da geht sie gemeinsam mit Jakob hin und zurück, das ist kurzweiliger. Nach einiger Zeit spürt Jakob, dass sein Herz aufgewühlt ist. Wenn er Katharina länger nicht sieht, kann er abends kaum einschlafen, denn die fesche Hasenfeldertochter hat mehrere Verehrer. Immerhin gibt es viele Knechte in Silberegg und das gefällt auch Katharina.

So geht das einige Jahre. Vater Vinzenz ist inzwischen verstorben und Mutter Hanna gräbt sich in ihrem Alltag ein. Bei der großen Herbstarbeit helfen auch die Krug'n-Kinder, die in Althofen eine Arbeit gefunden haben.

Jakob ist ein braver Bauer, das spricht sich auch in Silberegg herum. Beim Krug gibt es immer eine gute Jause und eine große Hütte ist immer voll mit trockenem Holz. Das ist wichtig auf einem Bauernhof und besonders beim Krug, wo auf einem großen Herd gekocht und Brot in dem riesigen Ofen gebacken wird, der so gebaut ist, dass er auch die Stube und das elterliche Zimmer beheizt.

Manchmal kommt jetzt auch die Hasenfelder Katharina mit Jakob von der Arbeit mit und bleibt ein Weilchen, bevor sie nach Hause geht. Die Hasenfeldermutter redet

Haushaltsgeräte von anno dazumal.

Katharina zu, Jakob nach so vielen Jahren der Freundschaft doch zu heiraten und tatsächlich willigt sie ein.

Im Sommer 1890 gibt es beim Krug eine Hochzeit. Im schönsten Gewand gehen alle zu Fuß nach Guttaring in die Kirche, wo sie auch die anderen Geschwister treffen. Nur Krugmutter Hanna bleibt zu Hause am Herd, immerhin kommen ihre Kinder heute zum Hochzeitsmahl – außer die Wiener Mädchen, die sich nur selten nach ihrer Mutter erkundigen.

4. KAPITEL: EINE MUTTER, DIE VIELE TODE STIRBT
1890–1930: Katharina und Jakob Langwieser

Ein schöner Sommer vergeht für das junge Ehepaar. Es ist jetzt schon Spätherbst und Katharina geht nicht mehr nach Silberegg arbeiten, denn zuhause gibt es genug zu tun. Auch gibt es erfreuliche Neuigkeiten, die Jakob stolz machen: Seine Katharina wird immer rundlicher. Das freut auch die Mutter sehr, sie war ja immer Kinder um sich gewöhnt.

Die Wintermonate vergehen wie im Flug und sobald nicht mehr soviel Schnee liegt, geht Jakob wieder zum Gut Silberegg zur Holzarbeit. Seine Lederhose, die er täglich trägt, ist ganz harzig.

Dann kommt das Frühjahr und der Anbau auf dem Feld geht gut voran. Ein Ochse wird zum Pflugziehen angelernt und heuer pflügt Jakob einen Wiesenstreifen mehr um. Er braucht zusätzliches Getreide, damit er ein weiteres Schwein füttern kann. Jakob ist schon etwas aufgeregt, da die Niederkunft seiner Katharina immer näher kommt. Doch er hat ja Mutter Hanna als Hilfe.

Eines Tages stürmt Jakob aus der Stube und schreit: „Muatta! Muatta, es Kind kimp!"[63]

Mutter Hanna kommt ihm entgegen. In der Hand hält sie eine Schere, die sie schon Tage davor in Alkohol gelegt hat. Sie sagt mit ruhiger Stimme: „Tua a Wosa warmen."[64]

---

[63] „Mutter, Mutter, das Kind kommt!"
[64] „Stell Wasser auf."

Viele Hausgeburten sind in der „Stub'm" abgewickelt worden.

„I hob schon nochghazt, es wor noch Gluat"[65], erwidert Jakob und hetzt wieder in die Stube. Hanna holt noch einige frische Leintücher. Als sie zurückkommt ruft Jakob: „Muatta, es Kind is schon do!"[66]

Sie entbindet das Kind von der Nabelschnur und meint: „Dos is oba a klans Wirmle. Dos Dirndle hot jo nit amol zwa Kilo. Oba de Klanen überstehns meistens guat. Jakob, bring ma a Woschschissl mit an Wosa."[67]

Das Kind wird gewaschen, in die Leintücher gewickelt und gleich seiner Mutter an die Brust gelegt. Danach legt es Großmutter Hanna in ein Holzkistchen und stellt dieses auf den Backofen, der vom gestrigen Brotbacken noch leicht warm ist.

Das kleine Würmchen übersteht es wirklich und wird Karoline getauft. Lina, wie man sie später nennt, ist immer etwas schwach und muss sehr viele Kinderkrankheiten überstehen.

Zwei weiteren Kindern hilft Mutter Hanna noch auf die Welt, Franz und dem blonden Lockenkopf Seppi. Schließlich stirbt sie nach kurzer Krankheit. Ein weiteres Kind, das den Namen Karl bekommt, wird von einer junge Hebamme aus Silberegg entbunden.

Nun sind vier kleine Kinder im Haus, keine Großmutter und ganz viel Arbeit in der Landwirtschaft. Doch Katharina ist eine flotte Frau und Mutter und Jakob in seinen besten

---

[65] „Ich hab schon nachgeheizt, es war noch Glut."
[66] „Mutter, das Kind ist schon da!"
[67] „Das ist aber ein kleines Würmlein. Das Mädchen hat ja nicht einmal zwei Kilo. Aber die Kleinen überstehen es meistens gut. Jakob, bring mir eine Waschschüssel mit Wasser."

Jahren, stark und unternehmungslustig. Er arbeitet viel für die Herrschaft in Silberegg im Holzschlag im Halemulegraben.

Als Jakob hört, dass die Grengerhube am Hollersberg verkauft werden soll, bespricht er sich mit seiner Frau.

„De wüll i kafn, dos mecht i schoffn", sagt er, „donn homa a por Kia mehr und i konn in mein eignen Wold orbatn."[68]

Wenn Lina nicht gerade krank ist, muss sie auf ihre kleinen Geschwister aufpassen, wenn die Mutter im Stall oder auf dem Feld arbeitet. Manchmal bringt der Vater seine Gehilfen vom Wald zum Abendessen mit, denn die haben zuhause oft nur wenig zu essen.

Ein Jahr danach, 1901, wird die Grengerhube wirklich zum Verkauf angeboten: dreizehn Hektar Wald und Wiesen. Jakob hat schon etwas angespart, zwei Kalbinnen und einiges an Holz kann er auch noch verkaufen – also entschließt sich das Ehepaar zum Kauf.

Nach einigen Jahren härtester Arbeit, doch zufrieden mit dem Geschaffenen, beginnt eine sehr schwere Zeit für Katharina und Jakob. Alle Kinder sind krank und fiebern hoch. Katharina legt ihnen Essigwickel an und kocht Lindenblütentee, doch als nach einer Woche noch immer keine Besserung eintritt, bittet sie Jakob, nach Althofen zu gehen und einen Arzt oder wenigstens Medikamente zu holen.

Jakob bricht unverzüglich auf und erzählt dem in Althofen ansässigen Arzt vom hohen Fieber seiner Kinder. Der hat

---

[68] „Die will ich kaufen, das möchte ich schaffen. Dann haben wir ein paar Kühe mehr und ich kann in meinem eigenen Wald arbeiten."

eine Erklärung: „Es geht Scharlach um, das muss behandelt werden, sonst überstehen eure Kinder es nicht."

Der Arzt steigt auf sein Pferd und reitet zum Hollersberg, wo er noch vor dem Vater am Krug'n-Hof eintrifft. Katharina atmet erleichtert auf, als sie den Doktor begrüßt. Sogar der Arzt ist etwas betroffen, als er die vier Kinder fast regungslos mit vierzig Grad Fieber in den Betten liegen sieht. Gemeinsam mit Katharina legt er ihnen Essigpatschen an, löst Medikamente in Wasser auf und flößt ihnen das Gemisch ein. Als er wieder aufbricht, verspricht er, morgen wiederzukommen.

An diesem Abend geht Jakob alleine in den Stall. Er muss ausmisten und das Vieh füttern. Auch Katharinas Arbeit, die vier Kühe per Hand zu melken und die Kälber zu versorgen, macht er heute mit, denn sie bleibt bei den Kindern. Karl und Franz sind schon etwas lebendiger geworden und necken sich gegenseitig. Lina ärgert das, sie ist noch sehr müde und der kleine Seppi weint sich in den Schlaf. Als sich alle beruhigt haben und schlafen, sprechen Katharina und Jakob noch ein Gebet und gehen auch ins Bett. Es ist die erste Nacht seit einer Woche, dass Mutter Katharina schlafen kann.

Am nächsten Morgen um fünf Uhr geht Jakob wieder alleine in den Stall. Die Mutter sieht nach den Kindern, ob sie die Wäsche wechseln muss, wie so oft in den letzten Nächten. Der kleine Seppi schläft noch fest und als sie auch ihn umbetten will, schreit sie: „Um Gotts Wülln, himmlischa Herrgott"[69], denn der Kleine rührt sich nicht. Die Mutter nimmt ihn hoch, doch seine Glieder hängen schlaff herab.

---

[69] „Um Gottes Willen, himmlischer Herrgott!"

Sie legt ihn in sein Bettchen zurück, faltet ihm die Hände und weint laut auf. Die anderen Kinder sind erschüttert und knien sich zu ihr.

Eine Stunde später kommt der Arzt angeritten und will nach den Kindern sehen. Er ist entsetzt, die ganze Familie an Seppis Bettchen knien und beten zu sehen. Bei den großen Kindern hat das Medikament gewirkt, für den Kleinen war es wohl schon um einen Tag zu spät. Er untersucht die drei Großen und gibt Katharina den Auftrag, ihnen die Medikamente genau dosiert zu geben und sie noch in den Betten zu halten.

Mutter Katharina hat mit den Kindern noch sehr viel Arbeit, bis sie wieder ganz gesund sind. Noch im Spätsommer ist Lina so schwach, dass sie den Weg zur Schule nicht schafft und an Fieberschüben leidet. Zumindest die zwei Buben haben alles gut überstanden und sind wieder quietschvergnügt.

Es vergehen einige Jahre. Vater Jakob hat es schlecht verkraftet, dass ihm sein blondes „Seppile" nicht mehr entgegenlacht. Er trinkt immer wieder zu viel Alkohol und kommt sehr spät vom Gasthaus nach Hause. Katharina ist mit der Arbeit im Haus, im Stall und manchmal auch am Feld alleine.

Einmal im Monat fährt Jakob mit seinem Pferdefuhrwerk zur Hitschemühle nach Kappel. Dort lässt er Roggen für das Brot und je ein Sack Weizen und Dinkel zum Kochen mahlen. Während das geschieht – manchmal dauert es etwas länger – kehrt er beim Wirt ein. Dann lädt er die Mehlsäcke auf und putzt die Kleie zusammen, denn diese wertvollen Rückstände verfüttert er zuhause an die Kühe. Als es wieder einmal soweit ist, wundert sich Katharina, wo Jakob bleibt. Er ist schon seit dem Vormittag unterwegs und jetzt ist schon Stallzeit, doch er kommt nicht. Es wird schon dunkel, als sie endlich das Pferdegespann hört. Das Pferd bleibt beim Hausgankl stehen, doch von Jakob sieht Katharina keine Spur. Sie geht über die Stufen hinunter zum Wagen und hebt einige leere Säcke auf – darunter liegt er und schläft. Er hat nicht bemerkt, dass er schon zuhause ist, da war wohl auch diesmal wieder ein Bier zu viel.

Eines schönen Sommertages mäht Jakob den ganzen Vormittag Gras und gleich zwei Reihen Getreide. – Als Vorrat für sich selbst, denn danach geht er nach Guttaring und lässt Katharina mit den Kindern und der ganzen restlichen Arbeit alleine. Die vier breiten den ganzen Nachmittag über Gras zum Trocknen aus, melken am Abend die Kühe, versorgen die Kälber und die Buben müssen ausmisten. Danach geht es noch einmal aufs Feld, um das Getreide zu Garben zu binden. „Hiatz is niama so haß"[70], sagt die Mutter. Karl übernimmt schon etwas von Vaters Arbeit.

Katharina beschwert sich immer wieder bei ihrem Mann. Jetzt wird es schon Herbst, da fällt am meisten Arbeit an, und er ist viel zu selten da.

An einem Freitag ist Jakob wieder einmal nach Guttaring gegangen. Als die Pendeluhr am späten Abend zehn Uhr schlägt, bekommt es Katharina mit der Angst zu tun. Es ist schon öfters passiert, dass Vater, wenn er zu viel getrunken hat, sich aufführt wie ein Wilder, manchmal holt er sogar die

---

[70] „Jetzt ist es nicht mehr so heiß."

Kinder aus den Betten. So macht sie sich mit den Kindern in dieser mondhellen Nacht auf und geht zum Hasenfelder-Hof. Ihre Mutter ist von dem nächtlichen Besuch überrascht, bettet aber alle Kinder in ihr Zimmer und spricht dann noch lange mit ihrer Tochter in der Küche. Die beiden Frauen sind sich einig, dass Katharina und die Kinder morgen Früh wieder nachhause gehen sollen. Katharina will mit Jakob ein ernstes Wort sprechen, wenn er wieder nüchtern ist, denn solange er nicht zu viel getrunken hat, ist er ja ein guter Bauer und Vater. Er wird einsehen, dass die Buben zur Schule müssen und nicht bis spät in die Nacht am Hof arbeiten können. Franz ist ein besonders begabter Schüler, wogegen Karl das Arbeiten zuhause mehr freut. Lina kann den Schulweg, bedingt durch ihre Krankheit, noch immer nicht bewältigen, sie hilft der Mutter aber in Haus und Stall.

Tags darauf ist Jakob wieder nüchtern. Er spricht nicht viel, lässt die langen Reden von Katharina über sich ergehen. Dann steht er auf, geht auf die Wiese und hilft Lina beim Heuwenden - was sonst nicht seine Arbeit ist. Danach sagt er zu Katharina: „I wer mi um a Mogd kimman."[71]

Jakob hat im Gemeindeamt gemeldet, dass er eine Hilfe am Hof braucht. Im Spätherbst, als am meisten Arbeit zu erledigen ist, schickt die Gemeinde eine junge Magd zum Krug. Gerade zur rechten Zeit, denn die Steine sind feucht und das zeigt, dass in den nächsten Tagen Regenwetter zu erwarten ist. Bis dahin ist noch jede Menge zu tun: Die letzte Mahd ist einzubringen, die Nüsse liegen am Boden und

---

[71] „Ich kümmere mich um eine Magd."

wollen aufgesammelt werden und Zwetschken, Birnen und Äpfel sind erntereif.

Jakob hat eine ausschamottierte Dörrhütte gebaut. Katharina freut das, auch wenn sie täglich viele Kilogramm Birnen und Äpfel in Spalten schneiden und in der Dörrhütte aufschütten muss. Sie achtet immer darauf, dass das kleine Feuer brennt und rüttelt die Steigen mit dem zukünftigen Dörrobst immer wieder etwas durch; es riecht sehr gut. Nach zwei Tagen ist der Dörrvorgang zu Ende, dann trägt sie die süße Leckerei mit einem Korb in die Kammer, wo sie sie in eine Kiste leert. Der Deckel dieser Kiste ist so schwer, dass die Kinder ihn nicht so leicht aufbekommen. Im Winter kocht sie mit dem Dörrobst oft Kletzennudeln, die Lieblingsspeise von Lina.

Katharina ist sehr froh, dass sie eine Magd als Hilfe bekommt. Die junge Frau ist flott bei der Arbeit, kann handmelken und bringt gute Laune ins Haus. Auch in der Küche ist sie sehr gelehrig. Hier werden Suppennudeln gemacht und Knödel mit Eierschwammerln, weil jetzt Schwammerlzeit ist. Bei Regenwetter nützen die Frauen die Zeit, um Brotteig zu kneten und dann kommt noch ein Fladenbrot mit Zimt und Zucker in den Ofen, da freuen sich die Kinder.

In den Backofen passen zehn Laibe Brot. Wenn es fertig ist, kommt es in der Rauchkuchl auf die Brotriema, dort hält es sich trocken bis zum nächsten Backgang. Frisch wird kein Brot gegessen, „davon kriagts Bauchweh"[72], sagt die Mutter. Die Wahrheit ist, dass die Kinder das gute frische Brot zu schnell wegessen würden und mit dem Roggen, der in der

---

[72] „Davon bekommt ihr Bauchweh."

Hütte gelagert ist, muss Katharina bis zur nächsten Ernte auskommen. Ein Laib hat etwa vier Kilogramm und muss für eine Woche reichen. Am Morgen werden Brotschnitten in heiße Milch gelegt, das ist das Frühstück. Als Abwechslung bereitet die Mutter zwischendurch Maissterz, Mehlsterz oder Heidensterz zu.

Maissterz für zwei Personen

1 große Tasse Maismehl mit 2 Tassen Wasser, etwas Butter und Salz vermengen und auf kleiner Flamme kochen und ausdünsten lassen (Kochzeit: ca. 20 Minuten). Den Sterz mit Milch essen.
Heute wird oft Kaffee zum Sterz gereicht oder der Sterz als Beilage zum Gulasch gegessen.

Nun beginnt eine gemächlichere Zeit. Der Garten ist eingewintert, der Keller voll mit Gemüse und Obst und aus der schweren Kiste riecht es süß. Doch alles muss gut eingeteilt werden, denn der Winter ist lange. In nächster Zeit wird geschlachtet und alle freuen sich, dass es frisches Fleisch gibt. Der Großteil wird eingebeizt und geräuchert, das ist der Vorrat bis Ostern. Erst dann kommt wieder ein großes Schwein ins Surschaff, für das restliche Jahr.

Katharina betreibt eine gute Vorratswirtschaft, so gibt es zu jeder Jahreszeit genügend zu essen. Mit der jungen Magd versteht sie sich sehr gut, doch hoppala, was ist da los? Die Kittelschürze wird ihr ja immer enger; sie muss ja schon mindestens im fünften Monat sein! Die Magd hat sich von ihrer Schwangerschaft nichts anmerken lassen, als sie zum Krug'n-Hof gekommen ist. Eine schwangere Dirne will schließlich keiner nehmen, denn die ist in der Arbeit eingeschränkt und bringt bald einen zusätzlichen Esser ins

Haus. Doch wie reagiert Katharina? Sie nimmt das junge Mädchen in die Arme und sagt: „Dos Kindle fiatta ma a noch durch."[73] Jakob stimmt seiner Frau zu.

Es kommt eine wunderschöne Vorweihnachtszeit. Die Magd braucht nicht im Heuschuppen im Stall zu schlafen, wie das auf den Höfen üblich war, auf denen sie vorher gearbeitet hat. Sie bekommt in der Kammer vor dem Kinderstüble ihr Bett. Bei den Kindern steht ein Eisenofen, der ganz heiß ist und Lina macht am Abend immer die Tür auf, so dass die Wärme auch in die Kammer kommt, in der die junge Frau schläft. Diese spürt nun schon manchmal ihr eigenes Kind. Sie ist so glücklich, dass sie oft gar nicht einschlafen kann.

An den langen Abenden werden Socken gestrickt und Nüsse für das Kletzenbrot aufgeklopft, das es nur am Heiligen Abend gibt.
Endlich ist es soweit. Eine Kerze steht inmitten von grünem Reisig auf dem Tisch, es riecht nach gekochtem Fleisch und Sauerkraut. Heute wird die Geburt des Jesukindes gefeiert, jeder bekommt etwas Kletzenbrot als Geschenk. Das wird gut gehütet und darauf geachtet, dass keiner einem etwas stibitzt. Vor allem bei den Lausbuben kann das schon vorkommen.

Es vergehen schöne Wintermonate, es wird gekocht und gebacken, am Abend gesponnen und gestrickt und Babywäsche handgemacht. Von den Buben ist noch eine Spielhose vorhanden und aus einem alten Vorhang schneiden die Frauen eine weitere Hose zu, das genügt zum

---

[73] „Das Kindlein füttern wir auch noch durch."

Typische Schlafkammer dieser Zeit.

Diese Küchenutensilien sind in der alten Küche noch vorhanden.

Wechseln. Die Kinder bekommen die Schwangerschaft der Magd gar nicht mit.

Anfang Mai beginnt die Feldarbeit, Jakob hat mit seinen zwei Ochsen schon gepflügt. Wenn Karl und Franz von der Schule kommen, müssen sie am Nachmittag immer gleich etwas mithelfen, aber heute kommen sie vom Essen etwas später ins Freie. Im Haus gibt es nämlich etwas Neues: Die Buben wundern sich nicht schlecht, was da in der Kammer wimmert. Ein Mädchen ist zur Welt gekommen.

Die Magd darf einige Tage im Bett bleiben, danach übernimmt sie leichte Hausarbeit. Später teilt sie sich mit Katharina wieder die Haus-, Stall- und Feldarbeit. Alle haben große Freude an dem Kind. Lina darf mit dem Mädchen oft früher vom Feld ins Haus gehen und die Buben beobachten fasziniert, wie das Kind krabbeln und schließlich gehen lernt und wie es viele lustige Dinge plappert. Als die Kleine zu sprechen beginnt, nennt sie Katharina und Jakob – wie die anderen Kinder auch – Vater und Mutter.

Wie gesagt, das Mädchen bringt allen sehr viel Freude, sogar dem Haushund, der sein bester Spielgefährte wird. Selbst Jakob wird wieder ganz der Alte, er arbeitet viel und schwer. Karl und Franz helfen ihm mittlerweile auch schon im Wald und das ist gut, denn es wird sehr viel Holz gebraucht. Zum Mittagessen sitzt die große Familie am Tisch und der Vater spricht stolz ein Gebet, bevor alle Apfelnockerln aus der großen Schüssel löffeln. Das kleine Mädchen sitzt gerne in der Nähe vom „Vater". Als er einmal nach Guttaring gegangen ist, hat die Kleine ihn gesucht und ist in einem unbemerkten Augenblick aus dem Haus gehuscht. Da hat große Aufregung geherrscht, alle haben das Mädchen gesucht - doch nach einer halben Stunde ist Franz mit ihm aus dem Wald gekommen. Er hat sich schon gedacht, dass es den Weg nach Guttaring genommen hat und es auf der Waldlichtung eingeholt.

> *Apfelnockerln für drei Personen*
>
> *50 dag Weizen- oder Dinkelmehl, 2 Eier, 3/8 l Milch und etwas Salz so lange zu einem Teig kneten, bis sich dieser vom Kochlöffel löst. Etwas Teig auf ein nasses Jausenbrett geben, mit einem Löffel kleine Nockerln formen und diese in siedendem Wasser kochen. Geriebene Äpfel in etwas Butter anrösten und über die Nockerln geben, danach alles mit Zimt und Zucker bestreuen.*
> *Die Nockerln können auch mit Fleischgrammeln gegessen werden.*

Die nächsten Monate sind mit schwerer Arbeit verbunden, denn es ist schon wieder Erntezeit. Da sind alle in den Arbeitsablauf eingebunden und schneiden Getreide, grummeten, klauben Kartoffeln und ernten Obst. Das Wetter spielt gut mit und die Ernte kann eingebracht werden.

Dann ist am Hollersberg eine Treibjagd angesagt, alle Jäger sind von der Silberegger Herrschaft eingeladen worden, darunter auch ein Arzt, der sich in Guttaring angesiedelt hat. Jakob, der auch Jäger ist, hängt sich sein Gewehr um und geht schon am Vormittag zur Hasenfelderhöhe, wo die Zusammenkunft ist. Auch die Buben sind dabei, als Treiber. An diesem Montag sind nur die Frauen beim Krug'n-Hof zuhause. Sie machen einen Waschtag, dazu haben sie schon am Vorabend die Wäsche in Aschenlauge eingeweicht. Heute wird noch das Wasser erhitzt, alle stellen sich um die Wanne und los geht's.

Manchmal hören sie Schüsse. Beim Mittagessen erkundigt sich das kleine Mädchen, wo der Vater heute ist, später spielt es in der Holzhütte vor dem Haus. Als eine der Frauen Wasser beim Brunnen holt und nach der Kleinen schaut, ist diese verschwunden. Schnell laufen alle rund um Haus und Stall und rufen, doch das Kind ist nirgends zu finden.

„I suach n Weg noch Guttaring ob", sagt Lina, „es warat jo nit dos erste Mol."[74] Sie kommt erst spät wieder, allerdings ohne das Mädchen.

Dann kommen die Buben nachhause und etwas später auch einige Jäger. Alle helfen suchen, auch als es schon dunkel wird. Im Stall wird heute alles nur ganz schnell gemacht, die Magd melkt die Kühe nur halb aus, sie hat keine Geduld. Um Mitternacht gehen einige der Helfer nachhause, andere legen sich im Stall ein bisschen schlafen. Jakob legt sich auch etwas hin, er war ja den ganzen Tag auf den Beinen, kann aber nicht schlafen. Um vier Uhr steht er wieder auf, nimmt seine Laterne und geht wieder rufend durch den Wald. Etwas später kommen die Buben und die Männer nach, die im Stall geschlafen haben; sie teilen sich auf. Karl hat den Haushund mit und es dauert nicht lange, bis dieser anschlägt und zu laufen beginnt. Er läuft schnell, die Männer kommen ihm fast nicht hinterher. Dann bleibt er sitzen und winselt, das Mädchen liegt vor ihm im Moos. Der Hund stupst es mit der Schnauze an. Den Männern wird schnell klar: Das Kind lebt nicht mehr.

Die anderen kommen nach, darunter der Arzt, aber auch er kann nicht mehr helfen. Alle sind so betroffen, dass keiner dem anderen in die Augen sehen kann.

---

[74] „Ich suche den Weg nach Guttaring ab, es wäre ja nicht das erste Mal."

Am Krug'n-Hof ist die Trauer groß. Der Tod des Mädchens erinnert die Familie wieder an den kleinen Seppile. Keiner spricht, es herrscht echte Totenstille.

> **Rätselhaftes Ende**
>
> *Das Mädchen wird nicht nachhause gebracht, sondern im Karner in Guttaring aufgebahrt. Schon zwei Tage später wird es begraben. Woran es gestorben ist, hat man nie aufgeklärt. Der Totenschein wurde wahrscheinlich von dem Arzt ausgestellt, der bei der Jagd dabei war.*

Vierzehn Tage nach der Beerdigung kommt die Magd nicht in den Stall zum Kühemelken. Katharina sieht in der Kammer nach und findet diese leer vor, auch die wenigen Kleider der Magd sind weg. Jakob meldet das Verschwinden bei der Gemeinde, doch niemand hat sie jemals wieder gesehen.

Katharina trauert sehr um das Kind und seine Mutter, doch sie ist eine starke Frau und geht still ihrer Arbeit nach. Ihre mittlerweile schon fast erwachsenen Kinder sind richtiggehend geschockt, denn es ist jetzt alles so anders im Haus. Jakob ist wie versteinert und in sich gekehrt. Wenn die Zeit und die Arbeit es zulassen, trinkt er manchmal wieder etwas zu viel.

Die Buben gehen schon für einige Tage auswärts arbeiten, diese Abwechslung tut ihnen gut. Karl hat in Silberegg Arbeit gefunden und Franz in Althofen, bei der Justiz. Er ist fasziniert von den Männern, die auf die Einhaltung der Gesetze achten.

1914 beginnt der Erste Weltkrieg. Jakob wird eingezogen, er zeigt sich stark und verabschiedet sich von seiner Familie. In Guttaring erwartet man ihn schon, er und die anderen Eingezogenen marschieren im Trupp nach Althofen, wo sie in einem Zugwaggon ins Ungewisse fahren. Zwei Monate später bekommt auch Franz den Einberufungsbefehl, er ist fast ein bisschen stolz darauf. Anders als sein Vater muss er nicht an die Front, sondern versieht seinen Kriegsdienst am Gendarmerieposten in Althofen. Karl ist mit seinen fünfzehn Jahren noch zu jung fürs Militär und darf zuhause bleiben. Das freut natürlich Mutter Katharina, denn mit ihrem halbwüchsigen Sohn und Tochter Lina kann sie die Wirtschaft weiterführen. So manches Mal kommen Gemeindearbeiter, die sich sehr wichtig fühlen, zur Fleischbeschau. Sie kontrollieren auch, wieviel Getreide vorhanden ist, und bestimmen den Zehent, also die Abgabemenge. Deshalb vergraben Katharina und ihre Kinder einiges vom Fleisch und vom Getreide, denn es ist schwer erarbeitet und das Jahr ist lang.

Einige Jahre später, noch vor Kriegsende, kommt Jakob wegen seines Alters und seines schlechten Nervenzustands nachhause. So schaut er eines Tages unverhofft bei der Küchentür herein. Nach kurzer herzlicher Begrüßung erzählt er der Familie, dass er auf dem Heimweg bei der alten Tante, einer Schwester von Katharina, in Althofen eingekehrt ist. „Si schickt enk liabe Griaße und mant, doss si ihr Nahmaschin niama bedianen konn. Anige Tepf und

Kriag braucht si a niama. Si frogt, ob i di Sochn mitm Pferdegsponn obhuln konn."[75]

Lina ist ganz aufgeregt, sie sieht in Gedanken schon ein neues Kleid für sich und meint, Vater solle sofort die Pferde einspannen. Doch er muss zuerst etwas essen und sich ausruhen, er sieht wirklich abgekämpft aus. Bis das Pferdegespann mit einer Kiste für die Nähmaschine bereit steht, ist es schon Stallzeit. Lina bittet die Mutter, mitfahren zu dürfen, doch diese verneint und sagt: „I konn den Stoll nit allanig mochn."[76] Während sie diskutieren, verschwindet Vater mit dem Gespann schon im Wald.

Lina nimmt missmutig die hölzerne Scheibtruhe und eine Schaufel und beginnt mit der Arbeit. Langsam schiebt sie Fuhre für Fuhre Mist aus dem Stall hinaus und über ein Brett auf den Misthaufen. Sie kann nicht so schwer schieben, deshalb fährt sie öfters. Danach tränkt sie die zwei Kälbchen. Unterdessen melkt die Mutter die Kühe. Später müssen alle großen Tiere abgekettet werden, sie gehen alleine zur Quelle nahe des Stalles, um zu trinken. Während sie weg sind, füttern Lina und die Mutter Heu in die Tröge ein und streuen Stroh auf den Liegeplätzen an. Das wissen die Tiere, sie kommen nach dem Trinken alleine zurück und jedes von ihnen findet seinen Platz im Stall.

Karl kommt mit einem Nachbarsjungen hungrig vom Holzschlag nachhause. Mutter stellt eine Jause auf den Tisch und erzählt freudig über die Heimkehr des Vaters.

---

[75] „Sie schickt euch liebe Grüße und meint, dass sie ihre Nähmaschine nicht mehr bedienen kann. Einige Töpfe und Krüge braucht sie auch nicht mehr. Sie fragt, ob ich die Sachen mit dem Pferdegespann holen kommen kann."

[76] „Ich kann die Stallarbeit nicht alleine erledigen."

Karl ist überrascht. Er hat Angst, dass er jetzt anstelle des Vaters einrücken muss, immerhin darf nur ein Mann im wehrfähigen Alter am Hof bleiben. Da hören sie auch schon das Pferdegespann den Weg heraufpoltern. Vater und Sohn begrüßen sich herzlich. Karl meint: „Konn sein, doss i in di nächstn Monat eingezogn wer"[77], doch der Vater beruhigt ihn und sagt:

„Da Kriag is bold aus."[78]

Solange der Nachbarsbursche noch da ist, muss die Kiste mit der Nähmaschine abgeladen werden. Die Nähmaschine wird ausgepackt und bekommt den schönsten Platz in der Stube, beim Fenster.

---

[77] „Es kann sein, dass ich in den nächsten Monaten eingezogen werde."

[78] „Der Krieg geht zu Ende."

Am nächsten Morgen sind alle zuhause, deshalb braucht Lina nicht in den Stall zu gehen, sie kocht den Frühstückssterz. Vater Jakob macht einen Rundgang am Hof. Er will sehen, was sich während der langen Zeit, die er im Krieg war, alles verändert hat. Bald sitzt die Familie beim Frühstück und löffelt den Maissterz mit Milch aus dem Topf, der in der Mitte des Tisches steht. Vater lobt Karl, weil alles am Hof in bester Ordnung ist und erzählt ein wenig von den grauenvollen Einsätzen an der Front. Franz muss los, damit er rechtzeitig zum Gendarmerieposten in Althofen kommt, wo er noch immer arbeitet. Karl geht heute nicht in den Wald arbeiten, er und alle anderen ziehen gleich nach dem Frühstück mit einem Pferdefuhrwerk voll Mist auf das Feld, wo sie diesen ausstreuen. Karl muss das Feld noch vor dem nächsten Regen umbauen. Um 11 Uhr geht Lina ins Haus, um Eiernockerln zu kochen. Nach dem Essen will Mutter Katharina die Nähmaschine ausprobieren, die am Fenster und damit am hellsten Platz wartet – neben einigen kaputten Hosen ihrer Söhne. Das Nähen ist heute eine Ausnahme, sonst macht Katharina die Näharbeiten immer Sonntagnachmittags. Lina kommt aus der Küche, freut sich und meint: „Do kriag i donn a bold a Schirzn."[79]

In den folgenden Wochen zeigt sich, dass Jakob kränkelt und sehr geschwächt ist. Er ist beim Arbeiten und Organisieren am Hof nur noch eine kleine Hilfe. Die harten Jahre fern der Heimat haben ihn aus dem Ruder gebracht.
Auch Karls Verhalten ändert sich, er kommt jetzt immer öfter später von der Arbeit nachhause als gewöhnlich. „Do

---

[79] „Da bekomme ich dann auch bald eine Schürze."

muass a Frau dahintsteckn"⁸⁰, meint Katharina. Das geht Monate so dahin und Karl wird daheim etwas wortkarg. Eines Morgens sagt er zur Mutter: „I tat gern mei Freindin mit ham bringan."⁸¹ So kommt es, dass Karl heute schon zur Nachmittagsjause heimkommt, mit einer Frau, die sogar auf Katharina - die ja selbst nicht von schwachen Eltern stammt – einen etwas männlichen Eindruck macht. Und unter dieser Korpulenz verbirgt sich noch etwas, das sich in ein paar Monaten selbst bewegen wird.

Karls Freundin bleibt sogleich im Hause Krug und wird von Katharina in der Küche eingeteilt, da sie selbst am Feld arbeiten möchte, wo jede Hand gebraucht wird.

So geht das nächste halbe Jahr gut dahin, das junge Paar bewohnt den oberen Halbstock, Kammer und Stüble. Mutter und Vater wohnen im großen Zimmer hinter der Wohnstube.

Im Herbst 1924 ist Katharina froh, dass sie sich nicht um die Küche sorgen muss, denn am Feld und im Stall ist genug Arbeit. Die Frauen treffen nur beim Essen zusammen. Die Sympathie für die Freundin von Karl ist nicht überragend, aber bei Tisch sind alle ruhig, denn das Essen schmeckt und es ist immer genug da.

Anfang Februar liegt die junge Frau mit einem Buben, klein Karl, im Wochenbett, weshalb Katharina wieder die Küche übernimmt. Da macht sie große Augen, als sie im Fetttopf ganz bis zum Boden hinunter greifen muss, um noch etwas zu finden. Es sind nur mehr zwei Speckseiten da

---

[80] „Da muss eine Frau dahinterstecken."

[81] „Ich möchte meine Freundin mit nachhause bringen."

und der Winter ist noch lang. Da Katharinas Vorratshaltung immer vorbildhaft war, ist der nächste Streit vorherzusehen.

Überhaupt, in den Wintermonaten ist es im Haus etwas eng geworden mit drei Hausdamen. Sie geben sich gegenseitig Schuldzuweisungen, Nächtens im Haus herumzugeistern und man beobachtet nun genau, wer wann aufs Herzerlhäusl – das Plumpsklo – geht, das natürlich im Freien unter der Holzhütte steht. Dieser Spuk wird sich erst in einigen Monaten aufklären.

Die Mutter bestimmt, dass Lina im März eine Stelle in Althofen annehmen soll. Lina geht mit etwas Ach und Weh von daheim weg, sie ist zwar schon dreißig Jahre alt, aber sie war noch nie von zuhause weg, das Heimweh ist voraussehbar.

Es dauert nur ein paar Monate, vielleicht ein halbes Jahr, bis Lina wieder am Hof zurück ist. Sie braucht die Hilfe ihrer Mutter und Katharina schaut nicht schlecht, als sie bemerkt, dass ihre Tochter eine Schürze über ihr Kleid gebunden hat, bei der schon längst die Knöpfe nicht mehr zugehen. Vieleicht war ja der Spuk am Herzerlhäusl Schuld daran. Die nächsten Monate trägt Lina eine Kleiderschürze von der Mutter.

Anfang Oktober 1925 ist es so weit, die in Silberegg wohnende Hebamme, die damals schon Karl und im vergangenen Februar seinen Buben zur Welt gebracht hat, muss wieder ins Haus kommen. Nach tagelangem Warten bringt Lina am 11. Oktober ein Mädchen zur Welt, so winzig klein, wie sie selbst bei ihrer Geburt gewesen ist. Lina hat keine Milch, deshalb schickt Katharina Karl zum Nachbarn, der eine Ziege hat, und nur Ziegenmilch kann das kleine Mädchen retten. Lina hat Kindbettfieber und ist außerstande, ihr Kind zu betreuen. Die Hebamme meint, Mutter und Kind müssten ins Krankenhaus, doch dafür gibt es weder eine Versicherung noch Geld. Katharina, die Großmutter, füttert das Kindlein stündlich mit einem in Ziegenmilch getränktem Tuch, das das Fläschchen ersetzt. Lina wird mit Hühnersuppe und weichen Eiern aufgepäppelt. So schafft es Katharina, beide über die steile Hürde zu bringen.

5. KAPITEL: EINE LIEBE, DIE MIT DEM TODE ENDET
1930-1950: Karl, sowie Lina und Ferdinand Mirnig

Karls Freundin sieht man nur manchmal im Garten arbeiten. Sie kocht auch nur noch ab und zu, weil es immer wieder Beanstandungen gibt, ansonsten verweilt sie in ihrem Stüble im Halbstock. Das ist sehr praktisch, denn die Speisekammer ist auch auf dieser Ebene. Tageweise ist sie wieder bei ihren Eltern zuhause, denn in der Landwirtschaft will die junge Frau nicht mitarbeiten. Vielleicht ist das der Grund, warum Karl sie nicht heiraten will. Vater Jakob hat den Krug'n-Hof Karl übergeben, da er sich nicht mehr gesund genug fühlt, um ihn zu führen. Das Leben am Hof ist nicht einfach zu dieser Zeit, das Klima ist kühl und eigenartig. Nur die beiden Kinder machen diese schwere Zeit lebenswert, sie sind fröhlich, unbeschwert und lustig.

Jakob stirbt im achtundsechzigsten Lebensjahr nach einer langen Krankheit. Karl spricht nicht viel, arbeitet schwer in der Landwirtschaft und macht den Eindruck, als hätte er viele Sorgen. Ob ihm der Tod des Vaters so zusetzt, oder ist es etwas Anderes?

Als er eines Tages vom Holzschlag bei der Grengerhube nachhause geht, kehrt er am Hof der Eltern seiner Freundin ein, der auf seinem Weg liegt. Seine Kindsmutter ist nämlich schon tagelang nicht mehr beim Krug aufgetaucht. Was sich in den darauffolgenden Stunden zugetragen hat, weiß bis heute niemand, doch als Karl danach heimkommt, ist er so nervös, dass er kaum die Stallarbeit machen kann und

Mutter Katharina bemerkt sogar, dass er weint. Am nächsten Morgen ist er schon sehr früh im Stall, erledigt die wichtigsten Arbeiten und geht dann ins Stüble, um sich umzuziehen. Er sagt zur Mutter, dass er in Althofen etwas Wichtiges zu erledigen hat und wirkt sehr traurig dabei.

Karl kommt an diesem Tag und auch in der Nacht darauf nicht nachhause. Katharina ist beunruhigt, denkt aber, dass er auswärts geschlafen hat, obwohl er das vorher nie getan hat. In der Früh melkt sie die Kühe alleine. Lina füttert das Vieh, aber ihr ist heute auch nicht recht wohl. Sie muss gleich wieder ins Haus, denn Karoline – ihr Töchterchen – ist alleine.

Beim Frühstück fragt die Kleine: „Wo is da Votta Korl?"[82] Sie nennt ihren Onkel so, weil auch ihr Cousin klein Karl ihn so nennt. Karoline ist traurig, denn sie spürt, dass da etwas nicht stimmt.

Es vergeht keine Stunde, da poltert ein Bauer aus Silberegg bei der Türe herein. Er ist sehr aufgeregt.

„Jo, wos is denn leibe gschegn?"[83], fragt die Mutter.

Der Bauer lässt sich langsam auf einem der Stühle nieder. „Auf'n Längsee unten", stammelt er, „a Jaga hot'n ausn See außa, den Korl, der lebt nimma. Muasst keman, mir fohrn mit'n nächstn Zug, du muasst ihn identifizirn!"[84]

Katharina weiß nicht, wie ihr geschieht, sie bekommt zu wenig Luft und es dreht sich alles um sie herum.

---

[82] „Wo ist der Vater Karl?"

[83] „Ist etwas passiert?"

[84] „Am Längsee unten hat ein Jäger den Karl aus dem See gezogen. Er ist tot. Komm mit, wir fahren mit dem nächsten Zug, du musst ihn identifizieren!"

Karoline ahnt, dass es um ihren Onkel geht, versteht aber nicht und sagt: „Gö, Muatta, da Votta kummt eh bold wieda ham?"[85] Lina geht mit ihr in die Küche und versucht, sie abzulenken.

Der Bauer muss Katharina dazu überreden, sich umzuziehen und mitzukommen. Er geht selbst in die Kammer, holt ein Kleid und drängt sie, es anzuziehen. Dann geht er mit ihr nach Kappel zum Zug.

Es vergehen zwei Tage, bis die ganzen Schriftsachen erledigt sind und Karl im offenen Sarg zuhause aufgebahrt wird. Karoline kommt in das Stüble herein und ruft klein Karl zu: „Schau, do hot sich da Votta vasteckt. Guat doss ma ihn gfunden hom."[86]

Beim Beten am Abend wird gemunkelt, dass klein Karls Mutter etwas rundlicher als sonst aussieht. Ein halbes Jahr später soll der Verdacht Gewissheit werden: klein Karl bekommt einen Bruder.

Im Frühjahr ein Trauerfall beim Krug und jetzt im Herbst ein zweiter – das ist für alle schlimm. Einen Tag und eine Nacht dürfen sie Karl noch im Haus haben, dann ist alles vorbei. Es ist auch das letzte Mal, dass klein Karl und seine Mutter im Hause Krug sind. Zurück bleiben Stille, zwei Frauen, ein kleines Mädchen · und viel Arbeit.

---

[85] „Gell, Mutter, der Vater Karl kommt eh bald wieder heim?"
[86] „Schau, da hat sich der Vater versteckt. Gut, dass wir ihn gefunden haben."

> **Nachstellung des Selbstmords**
>
> *Nachforschungen haben ergeben, dass Karl in Althofen ein Messer gekauft hat und mit dem Zug nach Sankt Georgen am Längsee gefahren ist. Am Seeufer hat er seine Jacke ausgezogen und abgelegt, sich die Pulsadern aufgeschnitten und sich dann ins Wasser gleiten lassen.*
> *In einer Tasche der Jacke hat man ein Stück Papier gefunden, auf dem Karl seine Adresse aufgeschrieben hat. Deshalb war gleich seine Herkunft bekannt.*

Da Franz in Althofen inzwischen seine eigene Familie hat, sind die Frauen auf sich gestellt. Nach einigen Tagen, in denen fast nichts gesprochen wird, sagt Katharina, dass jemand helfen kommen muss. Das Grummet muss eingebracht und die Kartoffeln geklaubt werden, vom vielen Obst gar nicht zu reden. Stundenweise helfen die Nachbarn, wie etwa der alter Tauser, aber das ist bei weitem nicht genug.

Katharina erkundigt sich nach Ferdinand Mirnig, der als Bub beim Hasenfelder-Hof gelebt und schon öfters beim Krug geholfen hat. Dass er gebraucht wird, spricht sich bis nach Friesach herum, wo Ferdinand die Binderlehre gemacht hat und seinen Beruf ausübt. Obwohl auch er im Herbst die meiste Arbeit hat, steht er ein paar Wochen später beim Krug in der Tür. Mutter und Tochter freuen sich sehr. Beim gemeinsamen Abendessen erzählen die beiden Frauen ihr Schicksal. Der junge Mann ist sehr betroffen, er hat Karl als Jugendlichen gekannt. Für ein paar Tage fährt Ferdinand nach Friesach, um angefangenen Arbeiten zu beenden, dann lässt er sich beim Krug nieder.

Bald sind sie wieder eine Familie, denn Ferdinand heiratet ohne großes Aufsehen Lina. Karoline bekommt am 15.

September 1930 ein Schwesterchen, das Justine getauft wird.

Nach Karls Tod ist der Hof an Katharina zurückgefallen, denn ledige Kinder sind laut Gesetz nicht erbberechtigt. Alimente für ihre Enkel klein Karl und seinen Bruder, den sie nie gesehen hat, muss sie trotzdem monatlich beim Gericht in Althofen abliefern.

Sobald Karoline - später Karla genannt - acht Jahre alt ist, muss sie diese Wege machen. Es ist jeden Monat eine Tortur, das Geld zusammenzukratzen. Wenn zu wenig da ist, muss Karla Eier mitnehmen und sie unterwegs an die Bäckerei verkaufen.

> ***Karla erinnert sich***
>
> *Laut eigener Erzählung ist Karla auf einem dieser Wege hingefallen und mit kaputten Eiern in der Bäckerei angekommen. Die Bäckerin war aber so freundlich und hat ihr auch die kaputten Eier bezahlt, so dass sie bei Gericht die gesamte Summe hat abgeben können.*
> *Diese nette Frau ist Karla noch heute in Erinnerung.*

Es gibt zwölf Stück Vieh am Hof und die Familie ist noch immer Selbstversorger. Ferdinand „bintert" in der Nachbarschaft, das heißt, er säubert und repariert Holzfässer. Im Tausch dafür helfen die Nachbarn beim Mähen.

Im Jahr 1932 kommt Genovefa zur Welt und es vergehen einige Jahre in Zufriedenheit. Ferdinand ist jetzt Vater von drei Töchtern, denn er hat bei der Hochzeit auch Karla auf Mirnig umschreiben lassen. Er macht auch keinen

Unterschied in der Behandlung von Karla und der seiner leiblichen Töchter.

Die Jahre der Gemeinsamkeit und des Friedens währen aber nur kurz, denn 1938 bricht der Zweite Weltkrieg aus. Vater Ferdinand wird nach Klagenfurt zur Polizei einberufen, so dass nun wieder zwei starke Hände am Hof fehlen. Das nimmt Großmutter Katharina die letzte Kraft. Sie ist mittlerweile schon vierundsiebzig Jahre alt und hat so viele schwere Zeiten miterlebt, dass sie genug hat. Sie spekuliert auf eine Verpachtung des Hofes. Als man das beim Hasenfelder erfährt, erzählt der Bauer, dass sein Bruder, ein Verwalter in der Steiermark, ebenfalls gerne Bauer wäre.

Ein halbes Jahr später ist alles geregelt. Bei der Herbstarbeit helfen die neuen Pächter Fanni und Ignaz Walgram bereits, da sie den Winter über das eigene Vieh füttern wollen. Bei der Übergabe bleibt eine Kalbin bei Ignaz, eine zweite verkauft Katharina an die Fleischerei des Gasthofs Kassel. Das ist ihr Taschengeld fürs nächste Jahr.

Nun heißt es Abschied nehmen. Das Haus muss geräumt werden, die Kinder finden das „Plündern" sehr lustig und aufregend. Die zwei Frauen und die drei Mädchen ziehen vom Hollersberg nach Guttaring ins Haus Domenig, nahe der Volksschule. Die Wohnung besteht aus einem Vorraum, einer großen Küche, in der der Vater auch seine Bintersachen lagert, und einem großen Zimmer, das von nun an von zumindest fünf Personen bewohnt wird. Karla geht schon bald nach Althofen zum Gasthof Kolinger arbeiten und

Justine und Genovefa freuen sich, dass sie einen so kurzen Schulweg haben, die Wohnung ist nämlich nur fünf Gehminuten vom Schulhaus entfernt. Wenn sie vom Krug durch den Wald zur Schule gegangen sind, ist ihnen oft der „Schof Lipp" begegnet, ein bärtiger Mann, vor dem sie sich sehr gefürchtet haben, obwohl es keinen Anlass dazu gegeben hat. Auch deshalb freuen sie sich jetzt über den kurzen Schulweg. Nach der Volksschule werden sie die Hauptschule in Althofen besuchen.

Das Geld muss gut eingeteilt werden, denn bis auf die Pacht gibt es keine Einkünfte und weder Milch noch Getreide für das Essen oder zum Verarbeiten. Lina führt den Haushalt und hilft mit ihren Mädchen beim Domenig Obst klauben oder im Stall, damit die Miete geringer ausfällt. Vater Ferdinand kommt manchmal für einen Tag von Klagenfurt nachhause, Katharina kränkelt.

Das „Osternabholen" auf der Probstenmühle im Wimitzgraben bei Kraig ist dieses Jahr ein ganz besonderes Ereignis. Da es das Pferdegespann nicht mehr gibt, mit dem der Vater seine Mädchen die Jahre davor zum Osternabholen geführt hat, dürfen die Kinder dieses Jahr mit dem Autobus fahren. Das ist eine große Aufregung, denn sie sind noch nie alleine soweit von zuhause weg gewesen und schon gar nicht mit einem Bus.

Von der Haltestelle in Hunnenbrunn bei Sankt Veit geht es zu Fuß zwei Stunden in den Wimitzgraben. Tante Genovefa, die Taufpatin der jungen Genovefa, und ihr Mann empfangen sie herzlich. Es gibt eine kräftige Käsejause und Justine und Genovefa erzählen, was es daheim Neues gibt.

Die beiden Osterreindlinge für die Mädchen stehen schon auf der Küchenkredenz bereit, in der Mitte stecken jeweils ein rotes Ei und eine fünf-Schilling-Münze. Die Reindlinge werden in die Rucksäcke verpackt und mit einem herzlichen Dankeschön verabschieden sich die beiden und treten die Heimreise an.

Nach der halben Fußstrecke riecht es aus den Rucksäcken so lockend süß, dass die Mädchen nicht widerstehen können. Sie setzen sich an den Waldrand, packen aus und jede knabbert von ihrem Reindling. Dann geht es gestärkt weiter.

1940 feiern im Krughaus Fanni und Ignaz Walgram mit ihren zwei Töchter Weihnachten. Sie sind eine fleißige Familie und fühlen sich am Hollersberg sehr wohl. Ignaz kommt öfters nach Guttaring und besucht dabei immer Katharina und Lina. Er erzählt, dass Fanni im Backofen gutes Brot bäckt und im Stall alles gesund ist. Er freut sich auch, dass sein Bruder ganz in der Nähe ist, mit dem er sich beim Arbeiten gerne austauscht. Wenn die beiden zu oft nach Guttaring zum Wirt wollen, ist Fanni aber sehr hart und besteht darauf, dass daheim das Heu umgedreht werden muss und dass der Bruder alleine den Weg ins Gasthaus finden wird. Fanni bringt beim Krug ein drittes Mädchen zur Welt.

Vater Ferdinand kommt 1945 vom Krieg nach Guttaring heim. Er putzt die Holzfässer der Bauern und geht immer wieder mit seiner Wimitzer-Musik auf Tour. Er spielt die Harmonika und kommt oft zwei Tage lang nicht nachhause. Dabei verdient er soviel Geld, dass die Familie die Einkäufe beim Kaufhaus Mallner bezahlen kann. Ab und zu bringt er auch eine Henne oder ein Stück Fleisch mit, wenn bei einer Station seiner Tour gerade geschlachtet wird.

Während des Zweiten Weltkriegs senden die Feindmächte Propaganda im Radio. In diesen verbotenen Programmen melden sich auch verschollene oder totgeglaubte deutsche und österreichische Kriegsteilnehmer bei ihren Verwandten und Freunden.

Die Zeit vergeht und Ignaz, der Krug'n Pächter, kommt immer öfter mit Brot in Guttaring vorbei und erzählt voll Begeisterung vom Leben am Hollersberg. 1948 sind es nur mehr zwei Jahre, bis die Pacht ausläuft. Katharina liegt mit einer schweren Grippe im Bett, ihre Beine wollen sie nicht mehr tragen.

Nach der Hauptschule arbeitet Genovefa in Villach bei einer Tante namens Kleinbichler und Justine zunächst im Gasthof Kassel in Guttaring. Dann besucht sie die Landwirtschaftsschule in Töscheldorf, ihr Praktikum macht sie am Goderhof nahe Sankt Veit.

Eines Tages kommt Ignaz wieder mit Brot in Guttaring vorbei und sagt, dass er den Krug kaufen möchte und das Geld dafür schon angespart hat. Katharina ist von ihrer Krankheit schon sehr gezeichnet, doch sie lässt sich nicht überreden. „Na, vakafn tua mir oba nit", sagt sie. „Pfiat di Ignaz, worst a brava Pächta. Am 2. März 1950 seg ma uns bam Notar in Althofen, do übagib i olles da Justi."[87]

---

[87] „Nein, wir verkaufen nicht. Leb wohl Ignaz, du warst ein braver Pächter. Am 2. März 1950 sehen wir uns beim Notar in Althofen, da übergebe ich alles der Justi."

6. KAPITEL: DER NEUBEGINN

1950-1975: Justine und Fritz Fleischhacker

Katharina lässt sich von ihrem Entschluss nicht abbringen, sie überwindet mit aller Kraft und Hilfe die Stufen, die zur Notariatskanzlei führen. Der Notar ist über das junge Alter der Übernehmerin verwundert und versucht Katharina davon zu überzeugen, dass ihr Pächter der bessere Wirtschafter sei. Doch die alte Krug'nbäuerin sagt: „Di Justi sull di junge Kruagin sein und heint wird untaschriebn."[88] Daraufhin wird der Vertrag für die Übergabe aufgesetzt und gleichzeitig von Katharina und Justine unterzeichnet.

Bis zum Jahresende bewohnt und bewirtschaftet noch der Pächter den Hof. In dieser Zeit besichtigen Justi und ihr Freund Fritz ihr künftiges Heim und sind ernüchtert. Alles hier scheint jahrhundertealt und seit Jahrzenten nicht erneuert worden zu sein. Der Stall ist strohgedeckt, bei Regen rinnt es stark hinein. Was aber noch schlimmer ist: Das Haus ist fast nicht mehr bewohnbar, das vordere rechte Hauseck droht schon zusammenzufallen.

Der junge Fritz muss sich entscheiden, ob er mit Justi dieses schwere Erbe antritt, oder ob er weiter in seinem Beruf als Verwalter arbeitet. Er entscheidet sich schließlich für den Krug. Als Sohn des Ehepaares Fleischhacker vulgo Höfferer in Puppitsch bei Sankt Veit ist er Bauernarbeit von klein auf gewöhnt. Außerdem, und das erzählt er nun seiner

---

[88] „Justi soll die neue Krugbäuerin werden und heute wird unterschrieben."

Freundin Justi, besitzen seine Eltern eine Maschine, mit der sie ihre Dachziegel selbst erzeugen können.

So mietet sich das junge Brautpaar für einige Monate beim Höfferer zu Hause ein und fertigt fast Tag und Nacht Ziegel für den Stall beim Krug an. Mit einem Puch Haflinger, den sie sich vom Gut Hunnenbrunn leihen, bringen sie die Ziegel bis Rabachboden. Weil der Weg auf den Hollersberg hinauf zu schmal für das Fahrzeug ist, geht es von hier aus mit dem Pferdegespann weiter, das Fritz von zu Hause mitbekommen hat.

Günter

Fritz ist schon Vater von einem Sohn namens Günter, der aber auf Fritz' Elternhof in Puppitsch aufwächst. Als Erwachsener geht Günter mit seinem Onkel nach Deutschland. Er heiratet Änni – und mit ihr einen metallverarbeitenden Betrieb, der sein ganzes weiteres Leben füllt. Die beiden ziehen mit viel Liebe zwei Kinder groß und besuchen fortan einmal im Jahr ihre Familie in Kärnten und sehen nach dem Rechten.

Der Entschluss, dass die künftigen Jungbauern im Oktober heiraten, steht fest und ändert sich auch nicht, als Fritz sich beim Obstarbeiten das Bein bricht und einen Gipsverband tragen muss. Justi hat ein langes weißes Kleid und einen schönen Brautstrauß aus Callas und Nelken. Gefeiert wird zu Hause in Guttaring, die Schwestern und die Nachbarstochter Juli kochen.

Noch in diesem Herbst muss der Stall gedeckt und die Hausmauer erneuert werden. Stolz über ihre Bautätigkeit holt Justi Großmutter Katharina, Mutter Lina und Vater Ferdinand nach Hause zum Krug.

Nach langer Zeit wird's beim Krug wieder wohnlich – der Teich lädt heute noch zum Verweilen ein.

> **Katharinas Ende**
>
> *Katharina muss insgesamt drei Jahre lang das Bett hüten, weil ihre Beine sie nicht mehr tragen. Die Familie pflegt sie liebevoll, bis sie von dieser Welt abberufen wird.*

Der Frühjahrsanbau beginnt, er muss nach wie vor in Handarbeit erledigt werden, alles beginnt wie vor einhundert Jahren. Im Stall stehen zwei Kühe mit Kälbern und ein Pferd. Eine Kuh hat der Pächter zurückgelassen, die zweite und das Pferd hat Fritz von zu Hause mitgebracht. Nun wird auch noch eine Muttersau gekauft, die bald große Freude bringt, denn sie wirft zwölf Ferkel. Justi geht zu stündlich in den Stall und kontrolliert, ob auch alle saugen.

Doch manchmal währt die Freude nicht lange, denn als die Bauersleute eines Morgens in den Stall gehen wollen, ist der Schreck groß. Schon als sie über den Hof gehen, sehen sie auf der Unterseite des Stalls Steingeröll – die ganze Wand ist zusammengebrochen. „Himmlischer Herrgott", schreit Justi, als sie sieht, dass der Schaden genau in dem Eck entstanden ist, in dem die Muttersau liegt.

Doch sie haben Glück im Unglück, denn die Wand ist hinaus- und nicht hineingebrochen, die Sau und ihre Ferkel liegen unversehrt auf Stroh gebettet im Eck. Die Jungen saugen gerade, nur eines hat sich hinter ein paar Steinen verlaufen und wimmert laut.

Noch am selben Tag wird ein „Tauser Veit" genannter Nachbar zu Hilfe geholt. Das ausgebrochene Eck muss wieder eingelotet und der Dachstuhl so schnell wie möglich abgestützt werden. Das Aufmauern dauert fast vierzehn Tage, für das neue Eck werden Ziegelsteine gekauft.

„Mame Lina", wie Justi und Fritz sie nennen, bewohnt mit
Vater Ferdinand das Stüble im Halbstock, wie schon damals,
vor der Verpachtung des Krug'n-Hofs. Sie sind eine große
Hilfe für Justi, vor allem, als die erste Ernte einzubringen
ist. Da heißt es Gras mähen, aufstreuen, wenden oder auf
„Kleehiefel" wickeln. Auch das Getreide wird schon gelb. Die
Männer mähen und die Frauen binden die Garben und
stellen die Getreidedecklen auf.

Im Frühjahr 1952 kommt Justis und Fritz' erstes Kind
Waltraud zur Welt. Sie wächst die ersten Jahre gemeinsam
mit ihrer Cousine Gerlinde, eine Tochter von Karla, am Krug
auf. An einem Sommermorgen, als Fritz gerade mit der
Stallarbeit beginnen will, hört er ein Geknatter – und bald
riecht es nach Brand. Er ruft: „Beim Nochba Tauser
brennt's! Olle miassn hölfn!"[89]

Waltraud, gerade zwei Jahre alt, wird in das Stüble zur
Cousine Gerlinde gebracht, Mame Lina übernimmt die
Aufsicht. Alle anderen laufen zum Nachbarn. Lina beruhigt
die Kinder und meint: „I koch enk an Mülchgriaß."[90] Sie ist
gerade in der Küche mit dem Einheizen und Milchaufstellen
beschäftigt, da schreien die Kinder ganz fürchterlich. Als
Lina Nachschau hält, kommt ihr aus dem Stüble ein großer
Mann entgegen und stößt sie zu Boden. Sie ist ja nur eine
zierliche Frau, sie weiß gar nicht, wie ihr geschieht. Bis sie
wieder auf die Beine kommt, ist der Mann weg.

---

[89] „Beim Nachbar Tauser brennt's! Alle müssen helfen!"
[90] „Ich koche Milchgrieß für euch."

Die Ernüchterung ist groß: In der kurzen Zeit hat er den ganzen Wäschekasten ausgeräumt und die Kassette mit dem Geld für die nächsten Monate gestohlen.

Wachebeamte kommen und befragen die aufgeregte Lina. Sie gehen davon aus, dass der Stallbrand und der Diebstahl miteinander in Verbindung stehen, dass also der Brand gelegt wurde, um die Hausleute zum Nachbarn zu locken. Zu weiteren Ermittlungserfolgen ist es nie gekommen.

Beim Krug geht es in den nächsten Monaten deshalb noch etwas ärmlicher zu, gut, dass es in diesem Herbst 1954 sehr viel Obst zu ernten gibt.

Die Nachbarin vom Brumbauer hat „läuten hören", dass es beim Krug wieder Nachwuchs gibt. Sie geht schnell mit dem sogenannten „Basettenkorb" zum Krug. Dieser, nur für Wöchnerinnen gedachte Korb, ist voll mit gutem Gebäck und anderen Lebensmitteln, die der jungen Mutter Kraft geben sollen. Justi, noch hochschwanger, kommt gerade vom Obstgarten und stützt eine Kiste Äpfel mit ihrem Bauch. Da meint die Nachbarin: „Do hobnt di Glockn oba folsch gleitet"[91], was soviel heißt, dass der Tratsch nicht gestimmt hat: Das Kind ist noch nicht auf der Welt. Aber gute Dinge kommen immer richtig, denn auf die Art bekommt Justi eine Pause.

Eine Woche später, am 22. Oktober, bringt sie im Krankenhaus Sankt Veit ein Mädchen zur Welt, das noch in der Krankenhauskapelle auf den Namen Irmgard getauft wird. Das ist meine Geburtsstunde.

---

[91] „Da haben die Glocken aber falsch geläutet."

In den nächsten Jahren wird das Wirtschaften etwas maschineller: Ein Heuwender und ein Heurechen werden angeschafft, beide Geräte werden noch vom Pferd gezogen. Vater Ferdinand führt tagelang Gaul und Gerätschaften, was für die Frauen eine große Hilfe ist. Da können sie sich anderen Arbeiten widmen.

1959 wird die Zufahrtsstraße zum Hof erweitert, denn Fritz überlegt sich die Anschaffung eines Traktors.

An einem schönen Sommer-Vormittag recht Vater Ferdinand stundenlang das gute Heu mit dem vom Pferd gezogenen Heurechen zusammen. Um 12 Uhr gibt es Mittagessen, Mame Lina hat Käsnudeln gekocht und alle sind sehr hungrig.

Doch das Essen dauert nicht lange, denn es ziehen Gewitterwolken auf. Die Männer beeilen sich, das Pferd vor den Leiterwagen zu spannen und das Heu einzuholen. Fritz und Justi werfen mit großen Gabeln das trockene Heu auf den Wagen, auf dem Vater Ferdinand steht und es zu Rollen formt, die er platzsparend auf der Ladefläche schlichtet. Als der Wagen voll ist, wird ein großer Baumstamm längs über die Ladung gelegt und fest niedergebunden, damit bei der Fahrt in die Tenne nichts vom kostbaren Heu herunterfällt. Ferdinand zurrt den Balken fest und noch fester, bis es einen Schnalzer macht und das Bindeseil reißt. Der rund einhundert Kilogramm schwere Baumstamm, der schon stark auf das Heu gepresst war, hüpft durch die plötzliche Entlastung auf und wirft Ferdinand von dem hohen Leiterwagen. Justi ruft Fritz zu: „Wir brauchn die Rettung!"

Kärntner Käsnudeln für drei bis vier Personen

Zutaten für die Fülle:
  30 dag Kartoffeln
  30 dag Bröseltopfen
  1 gestrichener EL Salz
  1 kleine Zwiebel
  Nudelminze
  etwas Porree und Schnittlauch

Zutaten für den Nudelteig:
  40 dag Mehl
  1 TL Salz
  2 Eier
  1 Esslöffel Öl
  ca. 1/8 l lauwarmes Wasser

Zubereitung des Teigs:
Das Mehl in eine Rührschüssel geben, ebenso Salz, Eier, Öl und das lauwarme Wasser. Per Hand oder Knethaken zu einem glatten Teig verkneten. Der Teig muss so geschmeidig sein, dass er sich mit dem Nudelwalker austreiben lässt. Zugedeckt rasten lassen, bis die Fülle zubereitet ist, dies fördert seine Geschmeidigkeit.

Zubereitung der Fülle:
Kartoffeln kochen und noch heiß schälen, dann passieren. Mit den anderen Zutaten gut vermengen, abschmecken und zu Bällchen formen.

Fertigstellung der Käsnudeln:
Teig halbieren und messerrückendick auswalken. Füllebällchen auf die eine Hälfte legen, mit der zweiten Hälfte überschlagen und ausradeln oder ausstechen. Die Ränder der Nudeln andrücken oder „krendeln".
In einem großen Topf Wasser zum Kochen bringen und etwas salzen. Die Nudeln einkochen und nach wenigen Minuten mit dem Kochlöffel leicht umrühren. Zehn Minuten bei schwacher Hitze ohne Deckel köcheln lassen.
Zum Anrichten die Käsnudeln mit heißer Butter übergießen und mit Schnittlauch bestreuen.

> **Kärntner Kässtrudel für drei bis vier Personen**
>
> *Die Zubereitung des Teigs und der Fülle erfolgt gleich wie bei den Käsnudeln (siehe oben).*
>
> *Fertigstellung der Kässtrudel:*
> *Den Teig messerrückendick auswalken und mit Fülle ca. 1 cm dick belegen. Am Rand den Teig zweimal überschlagen, sodass ein ca. 5 cm breiter Wulst entsteht. Diesen „Strudel" abschneiden und aufs Backblech legen. Den Vorgang wiederholen, bis der Teig aufgebraucht ist.*
> *Bei 190 Grad ca. 40 Minuten lang backen und nach der halben Backzeit mit Butterflocken belegen. Wenn die Strudel goldgelb sind, aus dem Rohr nehmen und in 2 cm breite Streifen schneiden. Das kann einen Nudelteller in der Farbe aufwerten.*

Fritz verliert keine Zeit und läuft gleich nach Silberegg. Dabei hat er seine Füße offenbar über die Schulter genommen, denn es vergeht nur eine halbe Stunde, bis der Rettungswagen kommt. Der Fahrer lässt Fritz in Silberegg zusteigen, damit der ihm den Weg zeigen kann.

Als der Rettungswagen mit Vater Ferdinand abfährt, meint Fritz zu Justi: „Guat, doss ma di Stroßn schon vabreitat hobn. Durchn oltn Hohlweg war di Rettung nit aufakeman."[92]

Nach zehn Tagen darf der Vater das Krankenhaus wieder verlassen. Er hat Gott sei Dank großes Glück gehabt und wird noch viele Heuwägen aufladen.

Eines Tages äußert Mame Lina den Wunsch, ihre älteste Tochter Karla zu besuchen, die ins Rosental geheiratet hat. Fritz bringt sie mit dem Wirtschaftswagen zum Zug.

---

[92] „Gut, dass wir die Straße schon verbreitert haben. Durch den alten Hohlweg wäre der Rettungswagen nicht heraufgekommen."

Schon wenige Tage später kommt ein Brief von Karla, in dem steht, dass Fritz Mame Lina am Freitag um 16 Uhr am Bahnhof in Kappel abholen soll. Karla schreibt, dass die Mame kränkelt und sehr wenig gegessen hat. Vater Fritz soll am besten den Hausarzt kontaktieren.

Es folgen zwei Krankenhausaufenthalte in Sankt Veit und nur ein halbes Jahr später, noch immer 1959, stirbt Mame Lina im vierundsechzigsten Lebensjahr.

Beim Krug gibt es inzwischen einige gute Milchkühe, weshalb einmal im Monat ein junger, lustiger Milchmesser namens Pepe auf den Hof kommt. Dieser wirft ein Auge auf „Vefi", wie Justis Schwester Genovefa von allen genannt wird, und da in so einem Fall ein Monat oft sehr lange dauert, schaut Pepe auch zwischendurch beim Krug vorbei, wenn er bei den Nachbarn Kontrollen durchführt. Alle freuen sich über seine Besuche, denn er bringt immer gute Laune mit.

Das Leben muss immer weitergehen, und so gibt es noch im Trauerjahr für Mame eine stille Hochzeit von Genovefa und Josef Kribitz, genannt Pepe. Bis sie in Guttaring ihr eigenes Heim gebaut haben, wohnen die beiden zuhause beim Krug. Das junge Ehepaar ist eine große Hilfe am Hof, und auch als sie schon in Guttaring in ihrem eigenen Haus wohnen, geht Vefi oft zu Fuß zum Krug, wenn besonders viel Arbeit anfällt und ihre Hilfe gebraucht wird.

Einmal wird der Arbeitsalltag beim Krug von einem unerwarteten Besuch unterbrochen. „Wer isn epa dos?", fragt Großvater Ferdinand, als er die zwei Personen den

Weg heraufkommen sieht. „Si hobnt zwa Koffa mit, schaug so aus, ols wollatn si bei uns bleibn."[93]

Der Verdacht bestätigt sich. Das fesche, großgewachsene Ehepaar stellt nach einem ersten kurzen „Grüß Gott" die Koffer ab und Justi bietet ihm Sitzplätze an. Dann beginnt die Frau zu erzählen, dass ihre Mutter ihr erst am Totenbett mitgeteilt hätte, dass der Hollersberg ihre Heimat gewesen und sie seinerzeit unter besonderen Umständen mit dem Zug nach Wien gefahren sei. Sie hätte die ersten Jahre so sehr Heimweh gehabt, dass sie oft krank gewesen sei. Dann seien eines Tages ihre Schwestern Maria und Theresia vor der Tür gestanden und von da an hätte für sie erst wieder so richtig das Leben begonnen. Die drei Schwestern seien ein Leben lang verbunden geblieben, hätten aber keinen Kontakt mehr nachhause zum Krug gehabt. Die Tischrunde ist sich einig, dass Lenis Heimweh damals wohl in Enttäuschung umgeschlagen hat.

> *„Wiener Tante und Onkel"*
>
> *Ich kann mich noch gut an diesen Tag erinnern. Für die „Wiener Tante und Onkel", wie wir sie nennen, war das nicht der letzte Besuch am Hollersberg. Es entsteht eine enge Freundschaft und der „Krug" wird ihnen wieder zur Heimat. Immer wenn sie kommen, packen sie etwas Neues für den Hollersberg aus: Eine Kaffeemaschine, einen handbetriebenen Mixer oder auch Kleidung – und all das kommt direkt aus Wien.*

---

[93] „Wer kann das wohl sein? Sie schleppen zwei Koffer mit, es sieht ganz so aus, als wollten sie bei uns bleiben."

Eines Tages erfüllt sich Vater Fritz den Traum von einem Traktor. Er geht zu Fuß von zuhause weg und hoppelt bei seiner Rückkehr mit einem „Alldog" die Straße herauf. Der sieht ganz besonders eigen aus, denn er hat vorne eine lange Ladefläche. Wenn Vater von nun an nach Althofen zum Lagerhaus fährt, braucht er keinen Hänger mitzunehmen.

Mit dem Traktor werden aber auch Ausflüge mit den Nachbarn unternommen: Alle setzen sich auf die Ladefläche und los geht's auf die Saualm. Noch heute wird von diesen lustigen Ausflügen gesprochen.

Doch der Traktor und die übrige Technik bringen in den nächsten Jahren nicht nur Gutes. In der Nachbarschaft heißt es: „Beim Kruag seint si stan-reich"[94], das heißt, dass die Felder sehr steinig sind, wodurch das Pflügen sehr schwierig ist. Immer wieder gehen der Traktor und der Pflug kaputt, die Reparaturen kosten viel Zeit und Geld. Mama Justi hat es schon öfters zum Weinen gebracht, wenn die Auslagen für die Reparaturen höher sind, als die Einnahmen.

Es muss sich etwas ändern. Vater überredet Mama, den ganzen Acker einzusäen, also in Wiese umzuwandeln, das bringt viel gutes Heu. Das Getreide muss dann halt zugekauft werden. Die Kühe kommen auf die Grengerhube, die Jakob 1901 zugekauft hat, und werden zweimal täglich mit dem vom Pferd gezogenen Wirtschaftswagen zum Melken besucht. Wir Kinder sind immer gerne dabei. Wenn die Kühe das Pferdegespann hören, kommen sie über die Wiese gerannt und stellen sich unter die Bäume, wo sie von

---

[94] „Der Krug ist stein-reich."

Hand gemolken werden. Ich darf „Maasch" im Futtertrog aufschütten, das ist gemahlenes Getreide. Deshalb kommen die Tiere auch am Abend gerne wieder. Sie wissen sogar die Uhrzeiten, zu denen wir kommen, wohl wegen dem jeweiligen Sonnenstand.

Durch diese Änderung in der Bewirtschaftung stimmt in den nächsten Jahren die Rechnung beim Krug wieder.

> ### Noch ein Besuch aus Wien
>
> *In der Verwandtschaft in Wien hat sich herumgesprochen, wo in Kärnten die Heimat der Vorfahren ist. Der junge Peter – sechzehn Jahre alt – will sich das auch ansehen. Er steigt in den Zug, fährt nach Althofen und geht, wie es seine Großmutter vor fast einhundert Jahren oft getan hat, auf den Hollersberg. Es ist spät abends, als er ankommt, doch nach den Erzählungen muss er am richtigen Haus angelangt sein. Er rüttelt an der Haustüre, bis Großvater Ferdinand öffnet. Peter gibt sich zu erkennen und erzählt seine Geschichte.*
>
> *Als es Zeit zum Schlafengehen ist, meint Großvater leise zu Justi, dass sie ja gar kein Bett frei hätten – doch sie hat eine Idee.*
>
> *Am nächsten Morgen erwache ich in Mamas Bett. Verwirrt gehe ich nachschauen und, o Graus, in meinem Gitterbett liegt ein Mann; die Füße hat er weit durch das Gitter hinausgestreckt.*
>
> *Der „Wiener Peter", wie wir ihn nennen, richtet sich schließlich sein eigenes Bett am Dachboden; ganz eigen und besonders: darüber hängen Kuhglocken, Hacken und ein abgebrochenes Gewehr. Zur Selbstverteidigung, wie er sagt. Wir kleinen Kinder getrauen uns nicht in die Nähe und meiden den Dachboden. So wartet das Gerümpel auf Peters Wiederkehr.*
>
> *Tatsächlich kommt der Wiener Peter in den darauffolgenden Jahrzehnten immer wieder zu uns auf Besuch.*

Mama erzählt, und auch ich kann mich vage daran erinnern, dass Ende der 50er Jahre eine Stromgemeinschaft gegründet wird, um den Hollersberg mit Elektrizität zu versorgen. Da es eine gute Nachbarschaft gibt, die sich einig ist und zusammenhält, steht bald fest, dass dieser Traum Wirklichkeit wird.

Es wird ein arbeitsreiches Jahr. Die Bauern helfen bei den Grabungsarbeiten der Stromgesellschaft und die so geleisteten Arbeitsstunden werden bei der Abrechnung rückverrechnet. Beim Krug hilft die ganze Großfamilie mit, Löcher für die Strommasten zu graben.

Mit dem Strom kommen neue technischen Geräte ins Haus und in den Stall. Das ist ein großer finanzieller Aufwand, den wir uns nur leisten können, weil Vater zu Fuß zu den Wietersdorfer Zementwerken arbeiten geht. Vor Sonnenaufgang geht er los, damit er zwei Stunden später rechtzeitig bei der Arbeit ankommt. Dann leistet er den ganzen Tag über Schwerstarbeit mit dem Zement und kommt erst bei Nacht wieder nachhause. Uns Kindern ist das sehr unangenehm, dass Vater so früh aufsteht und in die stockdunkle Nacht hinausgeht.

Sein Bruder ist Vertreter für „Solo Motorsägen". Er kann Vater schließlich dazu überreden, mit ihm auf Verkaufstour zu gehen, da Vater die Bauern in der Umgebung kennt. Die Auftragslage ist gut und das Einkommen besser, als für die Schwerarbeit bei den Zementwerken.

Jeden Sommer kommt Mamas Schwester Karla mit ihrer ganzen Familie aus dem Rosental zum Helfen. Für uns Kinder sind es wunderbare Ferien: Weil zu wenig Betten vorhanden sind, müssen Zelte und Baumhäuser gebaut werden, in denen wir auch so manches Mal Kindermenüs kochen. So ist es für uns mit viel Spiel und ein bisschen Helfen eine wunderbare Kindheit.

In der Zeit vor Ostern wird ein Schwein geschlachtet, das Fleisch eingebeizt und geräuchert. Auch Würste werden in dieser Zeit gemacht. Mama Justi bäckt Reindling, Eier werden gefärbt und Kren geputzt. Am Karsamstag wird ein Korb mit diesen guten Sachen zusammengepackt und zuerst mit einem weißen Tuch und danach mit der Weihkorbdecke vollständig eingewickelt. Tuch und Decke werden oben zusammengebunden. Das ist der sogenannte Weihkorb. Meine Schwester Waltraud und ich tragen den schweren Korb zur Grengerhube, wo mitten im Wald ein Kreuz steht. Dorthin kommt – ebenfalls zu Fuß – der Pfarrer von Maria Hilf und segnet die Weihkörbe der umliegenden Bauern. Das ist für mich als Kind sehr aufregend. Danach tragen wir den Weihkorb wieder eine dreiviertel Stunde bis zum Krug´n-Hof zurück. Wenn wir aus dem oberen Wald herauskommen und schon unser Haus sehen, liegt noch ein steiler Hang vor uns. Aus Freude, dass wir bald zuhause sind, laufen wir los. Dabei tragen wir den Korb gemeinsam und als ich einmal meiner Schwester nicht hinterherkomme, stürze ich. Sie kann den Korb aber nicht alleine halten und so purzelt er den Hang hinunter, wobei der Reindling herausfällt. Und würde ihn nicht der Zaun aufhalten, käme er früher als wir beim Haus an. Wir packen alles wieder fein säuberlich zusammen und erzählen zuhause nichts davon. Auch wenn wir von unseren Eltern niemals Schläge bekommen, haben wir trotzdem großen Respekt vor ihnen. Das Weihfleisch gibt es natürlich erst nach dem Osterfeuer zu essen, jetzt schauen wir erst einmal bei unseren Osternestern nach – da läuft uns plötzlich eine rote Henne über den Weg.

So glauben auch große Mädchen noch an den Osterhasen, oder zumindest an die Osterhenne. Unsere Eltern haben mit der Farbe, die vom Eierfärben übriggeblieben ist, die Henne angemalt.

Waltraud und ich werden bald schon lustige, flotte Jugendliche. Wir besuchen die Volksschule in Guttaring und danach die Hauptschule in Althofen.

Dann herrscht plötzlich geschäftiges Treiben im Krug-Haus. Pläne liegen auf dem Tisch, viele verschiedene Menschen, darunter Arbeiter, gehen ein und aus und es wird sehr viel gekocht. Ja, was gibt es denn da Besonderes? Es wird ein neues Haus gebaut, in Ytong-Bauweise steht es bald schon stolz südlich des Stallgebäudes.

Doch wie die vergangenen Jahrzehnte und Jahrhunderte bewiesen haben, kommt immer dann, wenn alles bestens scheint, etwas, das den Alltag stört. Vater stürzt mit seinem inzwischen erworbenen Steyr-Traktor ohne Überrollbügel in Rabachboden über eine steile Böschung. Der Nachbar Weingartner leistet erste Hilfe und holt den Rotkreuzwagen. Die Ärzte in Friesach erklären Mama, dass es sehr knapp war; gut, dass die Rettungskette so gut funktioniert hat. Mehrere gebrochene Rippen haben in Vaters Lunge gestochen, wodurch das Atmen nicht mehr funktioniert hat – er hat nicht mehr ausatmen können. Der Rotkreuz-Arzt hat sofort einen Luftröhrenschnitt durchgeführt, ansonsten wäre Vater erstickt. Er muss mehrere Monate im Krankenhaus bleiben. Bis er so halbwegs gesundet ist, vergeht ein ganzes Jahr.

Mama und Großvater Ferdinand erledigen derweil die täglichen Arbeiten, aber bei den Sommer- und Herbstarbeiten ist Vieles mit dem Traktor zu tun. Doch da helfen Gott sei Dank die Nachbarn aus und auch Onkel Pepe, der noch immer als Milchkontrolleur am Hollersberg arbeitet. Der Hausbau muss jedoch für das ganze Jahr eingestellt werden.

Auch in den darauffolgenden Jahren geht der Hausbau nur langsam voran, je nachdem, wie Zeit und Geld vorhanden ist. Mama bestimmt, dass im ersten Stock mehrere Zimmer für Feriengäste eingerichtet werden sollen, durch diese zusätzliche Einnahmequelle soll der Neubau schneller abbezahlt werden.

Das ist beim Krug ja nichts Neues, denn, wenn man sich zurückerinnert, hat es ja schon vor Hunderten Jahren Gäste hier gegeben – oder wie hat man sie damals genannt?

Die Zeit vergeht und bald ist es schon wieder an der Zeit darüber nachzudenken, wer die nächste Bäuerin beim Krug werden soll. Deshalb besucht Waltraud die Landwirtschafsschule in Hunnenbrunn. Da mir die Blumen und der Gartenbau im Blut liegen, gehe ich in Villach beim Gartenbaubetrieb Kirchhammer in die Lehre.

Waltraud beendet die Schule und geht auf Saison zu einem Betrieb, der Urlaube am Bauernhof anbietet. Es sollte für ein Jahr sein, doch dieses Jahr verlängert sich etwas, denn sie wird 1973 noch im alten Krughaus von Herwig Glawischnig als Braut abgeholt. Waltraud übersiedelt nach

Oberpuch bei Gmünd und können sich bald über drei Kinder freuen.

Durch das Ausheiraten meiner Schwester werde ich als Hofübernehmerin vorgesehen, was mich mitten in meiner Gärtnerlehre überrascht. Es ist aber mein Wille, die Lehre zu beenden und mit dem „Facharbeiter" abzuschließen. Als das erledigt ist, folge ich meiner Heimatverbundenheit und gehe wieder nachhause zum Krug, um gemeinsam mit den Eltern den Hof zu bewirtschaften.

Da bleibt keine Zeit zum Trübsalblasen, deshalb gehe ich zur Krappfelder Landjugend, wo natürlich auch die jungen Bauern nicht weit sind. Karl Pobaschnig, Jungbauer in Kappel, erobert mein Herz und seine Mutter ist so manches Mal darüber verwundert, dass sie sein Bett nicht aufbetten muss. Als sich die zwei zukünftigen Schwiegerväter im Herbst per Zufall im Lagerhaus treffen, sagt Karlis Vater: „Griaß di Gott, Kruag. Hob schon ghert, doss mei Bua gern aufn Hollersberg fohrt. Hoffentlich stöllt er nix on?"[95]

Na, was er wohl meint? Jedenfalls ist immer am Dienstag Landjugendprobe; eine schöne Abwechslung im Arbeitsalltag.

Im Jahr 1974 gibt es eine Besonderheit beim Krug: Der Neubau wird bezogen. Er ist ein Stockwerk hoch und hat einen Balkon, der sich über die Vorder- und über die Seitenfront zieht und von dem aus man Althofen sieht. Aus dem alten Haus übersiedeln wir nur die Küchenkredenz, denn dort herrscht noch geschäftiges Treiben: Brot wird

---

[95] „Grüß dich, Krug-Bauer. Ich habe gehört, dass mein Sohn gerne auf den Hollersberg fährt. Ich hoffe, er benimmt sich anständig?"

gebacken und Wurst und Fleisch geselcht, das heißt, das übrige Inventar wird dort gebraucht.

Dann kommt das Christkind und wir werden unsere ersten Weihnachten im neuen Haus feiern. Großvater Ferdinand schmückt den Baum. Nachdem Mama und Vater von der Stallarbeit kommen, höre ich das Geräusch der Dusche, das für mich ganz neu ist. Ich setze einen Topf mit Kraut auf den neuen Herd und einen mit Wasser für die Weihnachtswürste. Bis die Eltern fertig sind, duftet es schon nach Christkind. „Is a a guate Gluat im Ofn?"[96], fragt der Großvater, denn vor der Überraschung muss noch geräuchert werden. Dabei gehen wir betend rund um den ganzen Hof. Mit einem Ruck öffnen wir die Türe zum alten Haus und lassen den Weihrauch durch die alten Mauern ziehen. „Unser tägliches Brot gib uns heute ..." Das hält bis zum nächsten Jahr. Die Geschenke sind in diesem Jahr sehr bescheiden, die wirklich große Freude ist der erste Heilige Abend im neuen Haus.

Das neue Jahr beginnt wieder mit viel Zuversicht. Die Milchwirtschaft ist unsere Haupteinnahmequelle, wir haben zehn oder zwölf Milchkühe und das dazugehörige Jungvieh. Mamas Schwager Pepe kommt noch immer als Milchmesser; unsere Milchleistung liegt bei viertausend Liter pro Kuh und Jahr.

Im Neubau ziehen auch schon einige Feriengäste ein, die sich auch dafür interessieren, wie Mama im alten Haus das Brot bäckt, das es zum Frühstück gibt.

---

[96] „Haben wir noch Glut im Ofen?"

Mit der Milchwirtschaft bricht ein neues Zeitalter beim Krug an.

7. KAPITEL: NUR GEMEINSAM SIND WIR STARK. BAUER IST EIN SCHÖNER BERUF.

Ab 1975: Irmgard und Karl, Karl-Heinz und Heidi

In meinen schönsten Träumen habe ich mir einen Mann an meiner Seite ausgemalt, der humorvoll und familienfreundlich ist und mit mir gemeinsam meinen elterlichen Hof bewirtschaftet. Da ich glaube, in Karli diesen jungen Mann gefunden zu haben, gibt es am 31. März 1975 eine Kärntner Hochzeit – was sich Kärntner halt so darunter vorstellen.

In dieser Genration wird nicht mehr zuhause gekocht, sondern in Guttaring beim Gasthof Kassel die Hochzeitstafel bestellt. Bei dreißig Zentimeter hohem Schnee geht es mit den Autos, die schließlich stecken bleiben, zum Standesamt, danach zu Fuß in die nahegelegene Kirche. Bei den Glückwünschen dort sagen einige, dass der Schnee viel Glück für die Ehe bedeutet; das hat sich bis heute bewahrheitet. Unter anderem wurden uns drei Kinder geschenkt: Bernd kommt am 10. Juni 1975 auf die Welt, Karl-Heinz 1977 und Astrid 1981.

Zum Geburtsdatum von Bernd und zu unserer Hochzeit gibt es einen lustigen Witz: „Seit drei Monaten kenne ich dich, seit drei Monaten kennst du mich, seit drei Monaten sind wir verheiratet." – Stimmt genau!

In Althofen und Umgebung kommt es zu einem neuen wirtschaftlichen Aufschwung, als das Kurbad eröffnet wird. Der Therapieleiter Reinhold Köfer kehrt bei einer

Wanderung beim Krug ein, er bespricht mit dem Vater, dass er einen Kneipp-Wanderweg über den Hollersberg errichten möchte. Das bringt der Umgebung in den nächsten Jahren viele Gäste.

    Aus dem Krug-Haus hört man künftig oft eine flotte Polka, gespielt von Großvater Ferdinand. Er lebt mit den Gästen wieder richtig auf. Ich bewirte die lustige Gesellschaft mit Most, Schnaps und hausgemachter Jause. Im Winter stehen im Tal zehn Schlitten bereit. Wenn sich Gäste ankündigen, holt Vater sie mit dem Traktor ab und zieht die zehn Schlitten hintereinander die Bergstraße herauf. Die Wanderer unterwegs lachen herzlich über dieses Gespann. Die Heimfahrt geht bergab und damit ohne motorisierte Hilfe.

    Kurgästen, die mit Großvater viele lustige Stunden verbracht haben und wiederkommen, müssen wir schließlich erzählen, dass Ferdinand leider nach kurzer Krankheit seine Ziehharmonika für immer verstummen lassen hat. Auch sind viele verwundert, dass es die winterliche Schlittenpartie nicht mehr gibt, aber die neue Hofzufahrt und die Asphaltierung der Straße hat hier einige Probleme mit sich gebracht. Zum einen gehen die Schlitten auf dem gepressten Schnee am Asphalt zu schnell, was gefährlich ist. Zum anderen wird die Straße durch die Schlittenspuren so glatt, dass kein Auto mehr über die Straße heraufkommt. So geht alles wieder einmal zu Ende.

    Das Kurhotel bringt uns auch immer wieder „Sommerfrischler", die am Krug'n-Hof Erholung suchen, wie es schon Sepp um 1800 herum erlebt hat. – Oder wie hat er seine Gäste damals genannt, Einsitzer?

An einem schönen Sommerabend sitzen wir mit unseren Gästen am schön gedeckten Tisch vor dem Haus und alle lassen sich die Jause gut schmecken. Später, als es schon dunkel ist, werden gruselige Witze erzählt und auf einmal hört man hinter dem alten Haus: „Klopf, klopf, klopf".

Auch der stärkste Mann in der Runde wird etwas nervös und sagt: „Justi, hurch amol, wos klopftn do?"[97]

Und Mama antwortet mit ruhiger Stimme: „Dos seint olle, di amol im oltn Haus gwohnt hobn."[98]

Später stehen die Nichten Gudrun und Karoline, die Mama bei den Gästen helfen, vom Tisch auf und gehen in die stockdunkle Nacht, da sie im alten Haus schlafen. Die Verwunderung der Männer ist so groß, da meint Mama: „Ihr kenntsas jo begleiten."[99] Aber keiner will mitgehen, alle sind bald in ihren Zimmern verschwunden.

Sie haben nicht bemerkt, dass Vater Fritz schon länger nicht mehr am Tisch sitzt. Er ist im alten Haus, um für das morgige Brotbacken Vorbereitungen zu treffen. Dazu baut er das „Häuschen" in den Backofen, das heißt, er schichtet fünf Holzscheiter längsseits hinein, darauf fünf Scheiter breitseits und so weiter; er weiß genau, wieviel Holz er verwenden muss. Dann spaltet er mit der Hacke dünne Holzspäne von anderen Scheitern ab – klopf, klopf, klopf –, die Mama morgen zum Anzünden des Häuschens brauchen wird.

Am nächsten Morgen um 4 Uhr knetet Mama den Brotteig, dann wird das Häuschen im Backofen angezündet. Nach

---

[97] „Justi, hör einmal: Was klopft denn da?"
[98] „Das sind alle, die einmal in unserem alten Haus gewohnt haben."
[99] „Ihr könnt sie ja begleiten."

dem zweiten Mal kneten – man nennt es „latzen" – wird der Teig in die Körbchen aufgeteilt, wo er aufgehen muss. Währenddessen wird die Glut gleichmäßig bis in alle Ecken des Ofens verteilt und wenn der Brotteig zu reißen beginnt, putzt Mama mit einem in Wasser eingeweichten Föhrenbesen die Glut sauber aus dem Ofen heraus. Jetzt erst werden die Rohlinge aus den Körben auf die Ofenschüssel gestülpt und gleichmäßig im Ofen verteilt. Das Brot wird nur durch die Resthitze im Schamott gebacken. Als die Gäste ihren Morgenspaziergang machen, können sie ihrer Bäuerin schon dabei zusehen, wie sie das fertige Brot aus dem Ofen zieht.

Beim Frühstück sprechen die Gäste den Mädchen ihre Bewunderung dafür aus, dass sie sich vor dem nächtlichen Spuk nicht fürchten.

Wir lassen die großen Männer in ihrem Glauben an die Geister!

Mama Justi und Vater Fritz übergeben den Krug 1984 an mich und Karl. Der Zusammenhalt und die Arbeitsaufteilung in unseren beiden Familien funktionieren reibungslos, wir wirtschaften unter dem Motto: „Nur gemeinsam sind wir stark". Durch die Zusammenarbeit der beiden Höfe Krug und Jörgele kann außerdem mit mehr Maschinen gearbeitet werden. Unsere Kinder sind bei den Arbeiten mit dabei. Oft freut es sie, mit Gästekindern zu spielen oder auch Ausflüge zu machen.

Mit viel Ruhe und Geschick bewirtschaftet Karl sowohl den Krug, als auch den Jörgele-Hof, von dem er stammt. Wir melken jetzt alle Kühe beim Jörgele, der Stalldurchschnitt liegt bei sechstausend Kilo Milch pro Kuh und Jahr. Die Kalbinnen werden beim Krug großgezogen.

Die Wirtschaft geht gut voran, deshalb können wir den Stall 1985 umbauen und modernisieren. Der neue Spaltenboden mit Liegeboxen ist eine große Arbeitserleichterung, dadurch kann Oma Justi noch dreißig Jahre lang „ihre" Kalbinnen betreuen. Das Futter wird von den Männern mit einem Deutz-Traktor Baujahr 1977 in den neuen Stall gebracht.

In den 1980ern wird die Milchablieferung staatlich kontingentiert, deshalb verarbeiten wir die Übermilch zu Butter und Käse. 2015 fällt die Milchkontingentierung wieder; die Auswirkungen davon würden ein eigenes Buch füllen.

Durch den Beitritt Österreichs zur EU im Jahr 1995 ändert sich die Landwirtschaft grundlegend, denn ab nun werden Ausgleichszahlungen an die Bauern geleistet, damit die Bevölkerung günstige Lebensmittel erhält.

Am 1. Wandertag der Kärntner Landesregierung über den Hollersberg sind sicherlich eintausend Personen unterwegs, so viele Menschen hat der Berg noch nie gesehen. Sie werden von den Bauern verköstigt, beim Krug besichtigen sie das alte Haus, wo es hausgebrannten Schnaps gibt. Endlich rührt sich wieder etwas, es ist nämlich sehr still ums Haus geworden. Gut, dass Oma Justi öfters Nachschau hält und die schadhaften Schiefer-Schindeln am Dach erneuert, denn die sind sehr brüchig. Der alte Backofen steht still, das Brot wird im Neubau hergestellt, mit Knetmaschine und neuem Backofen.

Gemeinsam mit der Organisation „ARGE der Meister" organisiert Karl einen Bauernmarkt in Althofen. Mama Justi freut das Brotbacken; sie packt den Kofferraum voll mit Laiben und vergisst auch die Tischdecke und die Kassa nicht. Vater Fritz chauffiert seine Justi gerne auf den Markt. Ich richte Butter und Käse; wir fahren achtzehn Jahre durchgehend auf diesen Bauernmarkt.

Vater Fritz unterstützt uns bei den Außenarbeiten und am Feld, auch wenn seine Gesundheit zu wünschen übrig lässt. Bei seinem Traktorunfall vor mittlerweile zwanzig Jahren ist seine Lunge so stark verletzt worden, dass er immer noch Probleme mit dem Atmen hat. Doch die Lebenslust hat er nie verloren. Er fährt nicht nur mit Freude zum Markt, sondern unterhält sich auch gerne mit den Gästen und unternimmt Ausflüge mit ihnen. Mit der Zeit macht ihm seine Lunge so große Probleme, dass er immer wieder ins Krankenhaus muss. 1999 kommt er nicht mehr nachhause.

Zu dieser Zeit gibt es keine Hausaufbahrung mehr am Hof. Vater kommt in die Aufbahrungshalle Guttaring, wo sich jeder von ihm verabschieden und an seinem Begräbnis teilnehmen kann.

Am alten Krug-Haus nagt der Zahn der Zeit. Das Hausgankl beginnt in sich zusammenzubrechen, die alten Schieferschindeln werden immer schlechter und undicht, das ganze Haus ist vom Verfall bedroht.

Als ich eines Tages bei einem leichten Regenwetter Nachschau halte, sehe ich, dass es am Vordach leicht eintropft und der Stein, auf den die Tropfen fallen, schon eine kleine Delle hat. Blub ... Blub ... Es kommt mir vor, als würde das Haus weinen. Ich öffne die schwere Tür und gehe eine Runde durch die Räume, wo ich noch weitere Schäden feststelle. Als ich wieder am Gankl stehe, unter dem immer noch tropfenden Dach, weine auch ich.

An diesem Abend kann ich Karl dazu überreden, das Dach zu richten. Wir nehmen mit der Fachschule Hunnenbrunn Kontakt auf und machen eine Besichtigung. Es wird sogar eine Klassenarbeit darüber geschrieben mit dem Titel: „Wie's früher einmal war".

Die Neudeckung kostet eine Stange Geld, darum meint Karl: „Jetzt muass weiter dron gorbatet werdn, doss Gäst einziegn kennan."[100] Damit gehen die Arbeiten erst so richtig los. Der älteste, hintere Hausteil wird händisch untergraben, abgestützt und trockengelegt, das Gankl wird erneuert. Die alte Speisekammer wird zu einem Bad für das Stüble im Halbstock umgebaut, die alte Rauchkuchl bleibt erhalten. In der Stube wird der Boden erneuert, an der Gemütlichkeit der Essecke soll sich nichts ändern, dafür entsteht am Dachboden eine Ferienwohnung für zehn Personen, mit einem großen Kachelofen. Karl verarbeitet hier sehr viel Holz und so ähnelt der obere Stock am Ende einer Almhütte. Für die Kinder gibt es ein „Obergebater", also ein Schlaflager im Dachgeschoß.

Schließlich ersteht das alte Krug-Haus in neuem Glanz wieder auf. Die alten, jetzt trockenen Mauern freuen sich über die Gäste, die immer wieder gerne zusehen, wie die Sonne über der Kirche in Althofen untergeht.

---

[100] „Jetzt muss weiter daran gearbeitet werden, damit Gäste einziehen können."

Vor dem Umbau.

Nach dem Umbau.

Gemütliche Stube mit Kachelofen.

Erster Stock mit „Obergebäter".

Da ich schon Jahre zuvor meine Begeisterung zur Landwirtschaft über die Initiative „Schule am Bauernhof" an Schulklassen weitergegeben habe, liegt nun die Idee auf der Hand, „Schule am Bauernhof" auch mit Übernachtung anzubieten. Dieses Angebot wird auch gerne von Gruppenreisenden angenommen, nicht zuletzt, weil wir am Hof auch eine „Naturolympiade" anbieten und es den Leuten beim Baumstammlaufen, Nussknacker, Nagelschlagen und auf dem Waldlehrpfad nie langweilig wird. Nicht zuletzt haben wir auch einen kleinen Streichelzoo, unsere Ziege heißt Napoleon und die Hasen werden immer wieder neu getauft. Wir zeigen den Kindern, wie aus Milch Butter und Käse wird und gemeinsam mit der Oma backen sie ihr eigenes Brot.

Unsere Buben Bernd und Karl-Heinz zeigen beide Interesse an der Landwirtschaft. Sie vereinbaren schon als Kinder, dass Bernd Jörgele und Karl-Heinz Krug übernehmen wird. Deshalb ist es schließlich auch in unserem Sinn, die Betriebe wieder zu teilen.

Heute ist Bernd mit Petra verheiratet, mit der er drei Kinder hat. Karl-Heinz und seine Ehefrau Heidelinde haben ebenfalls drei Kinder. Unsere Tochter Astrid, sie ist im Bildungshaus Krastowitz angestellt, baut mit ihrem Mann Philipp ein schönes Einfamilienhaus in Möriach. Zwei Kinder sind ihr ganzer Stolz.[101]

Es ist also für Karl und mich an der Zeit, der Jugend die Möglichkeit zu geben, sich selbst zu entfalten. Anfang 2012

---

[101] Stammbaum siehe Anhang.

übergeben wir die Verantwortung für den Jörgele-Hof an Bernd und Petra und die für den Krug'n-Hof an Karl-Heinz und Heidelinde. Der Stalldurchschnitt in Bernds Bio-Kuhstall liegt jetzt bei achttausend Liter pro Jahr; die Milchleistung pro Kuh hat sich in den vergangenen vierzig Jahren also verdoppelt. Petra hat mit der Herstellung und Verarbeitung von Ziegenmilch ein zusätzliches Einkommen erschlossen und gemeinsam produzieren sie Speiseeis – aus Biomilch.

Die Landwirtschaft beim Krug wird als Kalbinnenaufzucht weitergeführt, dadurch ist es möglich, dass Karl-Heinz bei der Raiffeisenbank St. Veit angestellt bleibt. Heidelinde, die auch für die Raiffeisenbank arbeitet, gibt diese Anstellung schließlich für ihre Kinder auf. Sie ist eine bodenständige Jungbäuerin und betreut auch mit viel Freude die Ferienwohnung im alten Krug-Haus. Mit ihren drei Kindern Jakob, Sebastian und Johanna erlebt nicht nur das Ehepaar täglich viel Glück, sondern auch Oma Justi, die mittlerweile sechsundachtzig Jahre alt ist und so mitten im Familienleben eingebunden ist.

Wieder einmal ist Weihnachtszeit. Beim Krug feiern Karl-Heinz und Heidi mit ihren drei Kindern. Oma Justi sieht gleich nach, ob wohl gute Glut im Ofen ist, denn vor der Bescherung muss immer noch geräuchert werden. Die geweihten Palmkätzchen von Ostern kommen auch auf die Glut. Die Kinder laufen beim Räuchern mit – natürlich auch ins alte Haus – und alle beten dabei. Dann kommen Imama und Karli-Opa (Irmgard und Karli) zur Feier. Unterm Christbaum liegen viele Geschenke, die Aufregung der

Vier Generationen am Krug'n-Hof-Gankl (v. o. n. u.): Justine „Oma Justi" Fleischhacker, Irmgard, Karl, Karl-Heinz und Heidelinde Pobaschnig sowie die Kinder Jakob, Sebastian und Johanna.

Irmgard, Karl und alle ihre Enkel.

Kinder ist groß. Aber zuerst muss gebetet und gesungen werden und die Kinder bringen dem Jesukind Gedichte dar. Zum Essen gibt es traditionell Wurst und Kraut.

Den Jahreswechsel feiert im alten Krug-Haus auch eine Gruppe der Schülerunion.

Ich freue mich sehr, dass die Zukunft beim Krug für die nächsten Generationen gesichert ist.

„Imamas" bedeckter Apfelkuchen

60 dag Mehl, 30 dag Zucker, 2 Eier, 4 EL Milch, 25 dag Butter, etwas Rum, Zitrone und Vanille sowie 1 gestrichenen EL Backpulver zu einem Teig verarbeiten. 1/2 Stunde rasten lassen, danach in zwei Teile teilen und rechteckig in Backblechgröße ausrollen.
Die erste Teigplatte mit in Streifen geschnittenen Äpfeln, Zucker, Zimt und eventuell Rosinen bestreuen und mit der zweiten Teigpatte bedecken. 1 Dotter mit etwas Milch verrühren und den Kuchen damit bestreichen. Mit einer Gabel etwas anstechen und bei 200 Grad ca. 45 Minuten backen.

Der Krug'n-Hof im Radl der Zeit hat vielen Generationen „a scheanes Daham" gegeben.

Selbständigkeit und Leben im Einklang mit der Natur, ein guter Familienverband – das sind die Grundlagen für unseren Bauernstand.

Hätte ich noch einmal die Wahl, ich würde wieder Bäuerin am Jörgele-Krug'n-Hof werden.

NACHTRAG

Das Radl der Zeit dreht sich weiter. Wieder wandern Tausende Flüchtlinge in unser Heimatland und zum Teil weiter nach Deutschland. Viele von ihnen werden in Kärnten verpflegt und beherbergt, dennoch geht es den Kärntnern gut – zumindest im Vergleich zu 1795.

ANHANG

„Stammbaum" des Krug'n-Hofs

ab 1795
- **Leopold** (*?,✝?), **Sepp** (*1765, ✝?)
  Ziehkind Hans Weber

- **Hans Weber** (*1800, ✝1865) + **Elisabeth Weber** geb. Suppan (*1815, ✝1890)
  3 Mädchen, darunter Hanna

ab 1862
- **Hanna Langwieser** geb. Weber (*1842, ✝1915) + **Vinzenz Langwieser** (*1835, ✝1904)
  10 Kinder, darunter Leni und Jakob

ab 1893
- **Jakob Langwieser** (*1861, ✝1929) + **Katharina Langwieser** geb. Pichler (*1864, ✝1951)
  4 Kinder: Karoline (Lina), Franz, Seppi und Karl

1926–1929
- **Karl Langwieser** (*1899, ✝1929)
  2 uneheliche Söhne, darunter klein Karl

- **Lina Mirnig** geb. Langwieser (*1894, ✝1959) + **Ferdinand Mirnig** (*1901, ✝1981)
  3 Kinder: Karoline (genannt „Karla", uneheliche Tochter von Lina), Justine, Genoveva

1939–1949
- Der Krug'n-Hof wird an **Ignatz** + **Fani Walgram** verpachtet

ab 1950
- **Justine Fleischhacker** geb. Mirnig (*1930) + **Friedrich Fleischhacker** (*1923, ✝1999)
  3 Kinder: Günter, Waltraud, Irmgard

ab 1984
- **Irmgard Pobaschnig** geb. Fleischhacker (*1954) + **Karl Pobaschnig** (*1953)
  3 Kinder: Bernd, Karl-Heinz, Astrid

ab 2012
- **Karl-Heinz Pobaschnig** (*1977) + **Heidelinde Pobaschnig** geb. Dielacher(*1980)
  3 Kinder: Jakob, Sebastian, Johanna

Postzahl	Eintragung	
1.	*Ried: 5. September 1798* Leopold Josef, …	
	Praes: 20. November 1844 …	
	…	
2.	Praes: 3. Oktober 1875 …	
	…	
3.	Präsent: 9. Dezember 1884 …	
	… Mathias Langwieser …	
4.	Präsent: 2. Oktober 1886 …	
	… Hanns Langwieser …	
5.	Präsent: 1. April 1887 …	
	… Josef Kasper …	

Dieses Melderegister führt mit „1798" die erste urkundliche Erwähnung einer Jahreszahl in Zusammenhang mit dem Krung'n-Hof an (1. Zeile).

Dieser Eintrag aus dem Jahr 1891 regelt den Nachlass der Elisabeth Weber (2. Zeile).

INHALTSVERZEICHNIS KOCHREZEPTE

Hasenbraten für 3 Personen — Seite 14

Habermus für 2 Personen — Seite 45

Topfenlaibchen für 2 bis 3 Personen — Seite 53

Maissterz für 2 Personen — Seite 74

Apfelnockerln für 3 Personen — Seite 78

Kärntner Käsnudeln für 3 bis 4 Personen — Seite 105

Kärntner Kässtrudel für 3 bis 4 Personen — Seite 106

„Imamas" bedeckter Apfelkuchen — Seite 131